Businnes Guide Separate volume

同一労働同一賃金

最高裁５判決と企業対応

大阪医科薬科大学事件、メトロコマース事件、日本郵便事件

共著
大内伸哉
八代尚宏
大庭浩一郎
岩元昭博
吉田　肇

日本法令®

Contents

第１部　最高裁５判決の意義と評価

第２部　最高裁５判決による企業実務への影響

第３部　同一労働同一賃金 これまでの裁判の流れ

巻末資料　最高裁判決文（全文）

第１部

最高裁５判決の意義と評価

注目５判決をどう読む～法的な観点から～

神戸大学教授　大内 伸哉

1 はじめに

2020年10月13日と15日，最高裁判所は，労働契約法（以下，労契法）20条（平成30年法律71号による改正前のもの。以下，同じ）に関して，立て続けに５つの判決を出しました。労契法20条は，有期雇用労働者と無期雇用労働者との間の期間の定めがあることによる労働条件の相違が，労働者の「職務の内容」，「職務の内容及び配置の変更の範囲」（変更の範囲），「その他の事情」を考慮して，不合理と認められるものであってはならないとする規定ですが，具体的にどのように不合理性の判断をするかについて判例上も，学説上も争いがあり，企業実務上も混乱が生じていました。この条文は，現在では削除されて，短時間労働者及び有期雇用労働者の雇用管理の改善等に関する法律（以下，パート有期法）の８条に若干の文言の変更をしたうえで吸収され（短時間労働者に関する規律と統一されている），大企業では2020年４月から施行されており，中小企業でも2021年４月から施行される予定です。

労契法20条をめぐる最高裁判決としては，2018年６月１日に第２小法廷で出された二つの判決がありました（長澤運輸事件とハマキョウレックス事件）。どちらの事件も，運送会社の有期雇用の乗務員と職務内容が同じ無期雇用の乗務員との間の労働条件の格差が問題となったケースでした。長澤運輸事件では，定年後に有期の嘱託乗務員として採用された者と正社員との間の賞与などの格差が問題となり，最高裁判所では精勤手当と時間外手当の格差が不合理とされ，またハマキョウレックス事件では，配転の有無などには違いがある正社員との諸手当等の格差が問題となり，住宅手当以外の諸手当が不合理とされました。

一方，今回の５判決は，無期雇用労働者と有期雇用労働者との間で職務内容に違いがあるケースであり，この点で2018年の２判決とは事案が異なっていました。多くの日本企業では，正社員と非正社員との間では職務内容（責任も含む）に違いがあり，それに応じて労働条件の違いもあるため，判決の内容次第では，非正社員の処遇のあり方に大きな影響が及ぶ可能性がありました。とりわけ日本型雇用システムの下では格差があることが当然と考えられてきた退職金や賞与などの格差の不合理性も問題となっていたため，最高裁判所の判断には，大きな注目が集まりました。

2 ５判決の概要

今回の５判決は，大きくは三つの事件に分けられます。一つは，大学の教室事務を行う有期のアルバイト職員と無期の正職員との間における賞与と私傷病による欠勤中の賃金保障（6か月間の賃金保障とその後の休職期間中の2割の賃金保障）の格差が争われた大阪医科薬科大学事件（以下,「A事件」という。), もう一つは, 東京メトロの売店業務に従事する有期の契約職員と無期の正社員との間の退職金の格差が争われたメトロコマース事件（以下,「B事件」という。), そして, 日本郵便で郵便業務に従事する期間雇用社員（時間制契約社員および月給制契約社員）と正社員との間での手当や休暇の格差について, 佐賀, 東京, 大阪で提訴された日本郵便事件(それぞれ,「C事件」「D事件」「E事件」という。）です。このうちA事件とB事件は10月13日に第3小法廷で, またC・D・E事件は10月15日に第1小法廷で判決が出されました。

A事件では, 最高裁判所は, アルバイト職員に賞与を支給せず, 私傷病による欠勤中の賃金保障をしないという格差について, 正職員の賞与の6割を下回る部分と私傷病による欠勤の際の賃金3か月分の保障を下回る部分を不合理であると判断した高裁判決を覆し, いずれも不合理でないと判断しました。B事件でも, 最高裁判所は, 契約職員への退職金の不支給を, 正社員の4分の1を下回るに至る部分は不合理であると判断した高裁判決を覆し, 不合理でないと判断しました。

C・D・E事件では, 最高裁判所は, 休暇については, 期間雇用社員に夏期冬期休暇を認めないことを不合理とし, これらの休暇を与えられず, 本来する必要のなかった勤務をしたことによる財産的損害の賠償請求ができるとする判断で統一し（C・D・E事件), 病気休暇については, 日数の格差は不合理でないが, 無給であることは不合理とする高裁判決が維持されました（D事件)。次に手当については, 年末年始勤務手当と年始期間の勤務に対する祝日給を期間雇用社員に認めない格差は不合理と判断され（前者はD・E事件, 後者はE事件), 扶養手当の不支給は, 不合理な格差ではないとした高裁判決を覆し, 不合理と判断しました（E事件)。とくにE事件では, 高裁判決は, 年始勤務手当と年始期間の勤務に対する祝日給について, 労契法18条を参照しながら, 通算期間が5年経過後の格差しか不合理と認めなかったのですが, 最高裁判決はこの5年基準を採用せずに, 全期間を不合理と判断しました。

3 5判決の先例的価値

このようにみると, A事件とB事件の最高裁第3小法廷とC～E事件の最高裁第1小法廷では, 結論だけをみると正反対となっているので, 最高裁全体として判断が一貫していないのではないかという疑問も出てきそうです。しかし, 上告受理の段階で, 重要でないとして審理から排除された争点（民事訴訟法318条3項を参照）までみてみると, 最高裁判所は, A事件では, 夏期特別有給休暇（毎年7月1日から9月30日までの間に付与される5日の有給休暇）の格差を不合理とする高裁判決を確定させ, B事件でも, 住宅手当と褒賞についての格差を不合理とする高裁判決を確定させていますし, 他方で, D・E事件ではいくつかの手当の格差の不合理性を否定した高裁判決を確定させるなど, トータルでみると, 第3小法廷が企業側に厳しく, 第1小法廷が企業側に優しいといった評価ができるものではありません。

むしろ, 最高裁の判決を子細に検討すると, その判断は一貫していることがわかります。それは, 問題となっている賃金項目

（賞与，退職金，その他の諸手当）や休暇について，その趣旨や目的を特定したうえで，それに照らして，「職務の内容」，「変更の範囲」，「その他の事情」を考慮してもなお格差を設けることが不合理でないかを審査するという解釈姿勢です。これは，2018年の2判決でもみられたものでした。

今回の5判決で争われた賞与，退職金その他の諸手当にしろ，休暇にしろ，企業が独自の判断で導入できるものであり，その趣旨も各企業によって異なります。また格差を争っている有期雇用労働者と無期雇用労働者との間における「職務の内容」や「変更の範囲」の違いの内容や程度も，ケースによって様々ですし，「その他の事情」には，多様な事情が含まれることが，一連の最高裁判決から明らかになっています。つまり，最高裁が一貫した解釈姿勢をとっていても，法の適用対象となる事実関係は，各企業で異なり，どれ一つとして同じものはありません。その意味で，労契法20条（今後は，パート有期法8条）の解釈は，個別事案に応じたケースバイケースのものとならざるを得ないのです。

4　5判決からみえてきた不合理性の判断基準

このように労契法20条の解釈・適用は，個別事案に応じたものにならざるを得ないのですが，今回の5判決を通して確認できたこともあります。

まず，最高裁判所は，手当や休暇について，一つひとつの不合理性を判断していくという手法をとるべきとしていることです。第1小法廷で扱われたC・D事件で，最高裁判所は，長澤運輸事件・最高裁判決を参照しながら，不合理性の判断は，無期雇用労働者と有期雇用労働者の「両者の賃金の総額を比較することのみによるのではなく，当該賃金項目の趣旨を個別に考慮すべきものと解するのが相当である」とし，さらに，「賃金以外の労働条件の相違についても，同様に，個々の労働条件の趣旨を個別に考慮すべきものと解するのが相当である」と明言しました。

不合理性の判断は，個々の労働条件ごとに行うという考え方は，すでに労契法20条の施行通達で示されていましたし（平成24年8月10日基発0810第2号の第5の6(2)オ），改正後のパート有期法8条では，「基本給，賞与その他の待遇のそれぞれについて」の不合理な相違を設けることを禁止する規定であることを明示しています。もっとも，賃金については，重要なのは総額であり，個々の賃金項目だけをみることにどこまで意味があるのかという批判もありますが，最高裁判所は，前述のように，個々の労働条件の性質や目的から不合理性を判断するとしているため，総額比較というアプローチはこれと相容れないでしょう。企業は，非正社員の労働条件の一つひとつについて，正社員との間の不合理性のチェックをしなければならないということです。

第2に，最高裁判所が，「均衡」待遇的な解決を認めなかったことも注目されます。2018年の2判決では，労契法20条を「職務の内容等の違いに応じた均衡のとれた処遇を求める規定」としていましたが，結論としては，事案の関係もあり，格差の程度に応じた部分的な救済（均衡待遇）を認めたものではありませんでした。今回の5判決では，高裁レベルで部分的な救済を認めるものがあったため，最高裁判所の判断が注目されました。結果として，第3小法廷は，賞与と退職金の部分的な救済を認めず，不支給には合理性があるとしました。第１小法廷は，Ｄ事件では，第１審において，年末年始勤務手当は８割，住居手当は６割の救済を認めていましたが，高裁判決はこれを10割の救済とし，その判断は第１小法廷でも維持されました（住居手当は，審理対象から排除された）。さらに，Ｅ事件では，前述のように，５年基準による５年経過後の格差のみの救済を否定し，全期間を救済の対象としました。

では，最高裁判所は，労契法20条の解釈として，格差の程度に応じた均衡待遇を認めることを否定するつもりなのでしょうか。

5 均等待遇か均衡待遇か

この点を検討するために，Ａ事件の賞与についての大阪高裁判決と最高裁判決を比較してみることにしましょう。

大阪高裁は，被告である大学における賞与は，賞与算定期間に在籍し就労したことそれ自体に対する対価であり，同じように在籍し就労したアルバイト職員に対して全く支給しないことは不合理であるとしながら，賞与には，付随的にせよ長期就労への誘因という趣旨が含まれており，不合理性の判断において使用者の経営判断を尊重すべき面があること，正職員とアルバイト職員とでは，実際の職務も採用に際し求められる能力にも相当の相違があり，アルバイト職員の賞与算定期間における功労も相対的に低いことに言及し，さらに同じ有期雇用労働者である契約職員に賞与の８割が支給されていることも考慮して，６割を下回る支給の場合には不合理な相違に至ると判断しました。ただし，なぜ６割かという根拠は示されていませんでした。

一方，最高裁は，Ａ事件の使用者が正職員にのみ賞与を支給したのは，「正職員としての職務を遂行し得る人材の確保やその定着を図るなどの目的」によると認めたうえで，アルバイト職員との「職務の内容」や「変更の範囲」の違いに加え，本件における「その他の事情」を考慮したうえで，最終的には，賞与の趣旨に労務の対価の後払いや一律の功労報償の趣旨が含まれることや，契約職員への８割の賞与の支給，アルバイト職員の年間支給額が，新規採用の正職員の基本給と賞与の合計額の55％程度の水準であることを斟酌しても，不合理とまではいえないと結論づけました。

どちらの判決も，アルバイト職員に正職員の賞与の100％を支給することが妥当とは考えていませんが，その一方で，アルバイト職員に賞与を不支給とすることを妥当としない事情があることは認めています。このような場合において，大阪高裁が選択したのは，均衡待遇でした。６割の根拠はないものの，労契法20条は裁判官にどのような均衡基準を採用するかについて裁量を与えているという判断をしたのでしょう（民事訴訟法248条も参照）。これに対して，最高裁は，あくまで格差が不合理な場合に無効とすることだけが裁判官に与えられた権限であり，基準が明確でない均衡待遇を認めて部分的救済をすることはできない（あるいは，すべきでない）と考えたのかもしれません。労契法20条は，均衡待遇規定であるとしても，同条が明示的に禁止しているのは不合理な格差を設けることだけで，格差が合理的なものとなるように介入する権限まで裁判所に認めた規定と解することには無理があるといえるからです。

このことは，メトロコマース事件の最高裁判決の内容からもみえてきます。この判決には，多数意見（法廷意見）以外に，補足意見と反対意見が付けられており，裁判官の間で議論があったことがうかがえます。多数意見は，退職金は「職務遂行能力や責任の程度等を踏まえた労務の対価の後払いや継続的な勤務等に対する功労報償等の複合的な性質を有するもの」としたうえで，契約職員の勤続年数が必ずしも短いものでないことを斟酌しても，格差は不合理でないと判断しました。補足意見は，退職金制度の構築には，使用者の裁量判断を尊重する余地が比較的大きいし，「退職金には，継続的な勤務等に対する功労報償の性格を有する部分が存することが一般的であることに照らせば，企業等が，労使交渉を経るなどして，有期契約労働者と無期契約労働者との間における職務の内容等の相違の程度に応じて均衡のとれた処遇を図っていくことは，同条やこれを引き継いだ短時間労働者及び有期雇用労働者の雇用管理の改善等に関する法律８条の理念に沿うものといえる」と述べています（下線は筆者）。少なくとも退職金は，労契法20条やパート有期法８条の求める均衡のとれた処遇を実現する方法は，司法の介入ではなく，労使交渉によるとする考え方が示唆されています。これは，これらの条文が均衡待遇を実現するものであるかぎり，法的な効力を否定し，当事者の交渉の際の指針とする理念規定と解すべきであるとする筆者の主張にもつながります（私見の詳細は，拙著『非正社員改革』（2019年，中央経済社）173頁以下を参照）。

一方，反対意見は，契約職員の勤続年数は相当に長く，継続的な勤務等に対する功労報償という性質を含む退職金の趣旨は，契約職員にもあてはまるとしたうえで，「一般論として，有為な人材の確保やその定着を図るなどの目的から，継続的な就労が期待される者に対して退職金を支給する必要があることは理解することができる」し，正社員と契約社員の職務の内容や変更の範囲に一定の相違があることなどを考慮すると，退職金に相違があること自体は，不合理ではない，と述べています。そして結論として，「退職金制度の構築に関する使用者の裁量判断を尊重する余地があることにも鑑みると，契約社員に対し，正社員の４分の１に相当する額を超えて退職金を支給しなくとも，不合理であるとまで評価することができるものとはいえないとした原審の判断をあえて破棄するには及ばない」としています。反対意見は，結論として，均衡待遇を実現した解決でよいとしたのです。

最高裁判所が，この反対意見を採用しなかったということは，多数意見は，司法の手で均衡待遇を実現することに消極的な立場をとったとみるべきでしょう。

6　日本型雇用システムへの影響　―有為人材確保論について―

このほかに，今回の５判決で注目されるのは，最高裁判所が，賞与や退職金の趣旨について，正職員としての職務を遂行しうる人材の確保と定着という「有為人材確保論」を肯定した点です。2018年のハマキョウレックス事件では，高裁段階で，有為人材確保論にふれて，住宅手当の格差の不合理性を否定していたのに対して，最高裁は結論は同じであるものの，有為人材確保論にふれていなかったため，最高裁が，有為人材確保論についてどのような立場にあるかは明確ではありませんでした。

そもそも日本型雇用システムでは，企業

が，正社員として，新規学卒者を定期一括採用し，長期的な雇用を前提に企業内部で育成すると同時に，長期的な貢献を期待するために処遇面でインセンティブを付与してきました。年功的に運用されている職能給やその後払い的な要素のある賞与や退職金，種々の生活関連手当や職務関連手当，長期雇用を前提に付与される種々の休暇（病気休暇，夏期冬期特別休暇等）がそのようなものです。その結果，短期的な雇用が前提で，賃金は基本的にはその従事する職務に対応する職務給で，年功的に運用されるわけではなく，また賞与や退職金をはじめ種々の手当や休暇の対象外とされていた非正社員との間で処遇の格差が生じました。

有為人材確保論は，正社員に対しては，有能な人材として定着してもらう必要があるからインセンティブのために優遇措置をとるという考え方であり，日本型雇用システムの中核となるものでした。ところが，2012年の労契法改正の際に導入された旧20条は，日本型雇用システムを見直す社会改革的規定であるとされたため，有為人材確保論による格差を認めない趣旨と解すこともできました。このようななか，前述のように最高裁判所は，有為人材確保論を肯定し，しかも結論として，賞与や退職金を正社員にのみ支給することを認めたり（A事件，B事件），私傷病による欠務中の賃金保障を正社員にのみ認めたこと（A事件）は，最高裁が日本型雇用システムに根本的にメスを入れる意図がないことを示したものとして注目されます。

他方で，有為人材確保論により説明のつかない労働条件は，格差をつけることが難しくなります。このことは，C～E事件で示された最高裁の判断からもわかります。

例えば，夏期冬期休暇は，「年次有給休暇や病気休暇等とは別に，労働から離れる機会を与えることにより，心身の回復を図るという目的による」とされ，この趣旨は，繁忙期に限定された短期間の勤務ではなく，業務の繁閑に関わらない勤務が見込まれている契約社員にも妥当するとして，格差は不合理とされています。また年末年始勤務手当は，年末年始の最繁忙期における業務従事に対する特殊勤務手当であり，この趣旨は契約社員にもあてはまるとして，やはり格差は不合理とされています。

若干微妙なのは，病気休暇ですが，最高裁判所は，これを「正社員が長期にわたり継続して勤務することが期待されることから，その生活保障を図り，私傷病の療養に専念させることを通じて，その継続的な雇用を確保するという目的」によるとしたうえで，原告である契約社員は，有期労働契約の更新を反復するなど，相応に継続的な勤務が見込まれているので，「私傷病による病気休暇の日数につき相違を設けることはともかく，これを有給とするか無給とするかにつき労働条件の相違があることは，不合理である」と判示しています（正社員には連続90日の有給の病気休暇があるのに対して，契約社員には年間10日の無給の病気休暇があるにとどまっていた）。

さらに重要なのは扶養手当です。最高裁判所は，これを「正社員が長期にわたり継続して勤務することが期待されることから，その生活保障や福利厚生を図り，扶養親族のある者の生活設計等を容易にさせることを通じて，その継続的な雇用を確保するという目的」によるとしたうえで，「契約社員についても，扶養親族があり，かつ，相応に継続的な勤務が見込まれるのであれば，扶養手当を支給することとした趣旨は妥当するというべきである」として，高裁の判断を覆して，格差を不合理としました。

このように手当や休暇の趣旨が特定されているものについては，その趣旨に合致する非正社員には，格差を認めていないことに注意すべきでしょう。とくに「相応に継続的な勤務が見込まれる」場合は，正社員に準じた存在とされ，正社員に認められている労働条件を適用しないと不合理と判断される可能性が高くなるでしょう。

7 企業は今後どう対応すべきか

以上のように最高裁の判断から一定の傾向をみてとることはできますが，前述のように，結局は個別判断であり，非正社員に賞与や退職金が支払わないことが，いつでも不合理でないと判断される保証はありませんし，扶養手当を非正社員に支払わないことが，いつでも不合理とされるわけでもありません。労契法20条だけから，どのような格差であれば不合理でないといえるかの明確な基準を導き出すことは不可能に近いことです。そして，このことは，同条を受け継いだパート有期法８条にも，そのままあてはまります。

では企業は，どうすればよいのでしょうか。法律の規定の内容がどうあれ，正社員と非正社員との間の不合理な格差が存在するのは望ましいことではありません。こうした格差があれば，非正社員の労働意欲を減退させ，生産性にも影響するからです。もっとも，ここで問題とすべき格差は，裁判所が客観的にみて不合理と考える格差ではなく，非正社員が納得できない格差です。このような観点からは，企業にとって真に必要なのは，非正社員を採用するときに，正社員と格差がある労働条件について，その内容や格差の理由について丁寧に説明しておくことです（パート有期法14条１項および２項における説明義務も参照）。丁寧な説明をして非正社員を納得させることによって，企業は予測可能性がつかない裁判に巻き込まれるリスクを減らすことができます。これは企業と非正社員の双方にとって望ましい解決といえます。

ただ，現行の労契法20条やパート有期法８条では，企業が非正社員に対して，どんなに丁寧に説明して同意を得ていても，もしその非正社員が裁判をすれば，裁判官が格差は不合理だとして無効と判断する可能性が残ります。不合理性の判断基準は不明確なので，企業としては，不合理でない範囲に格差をとどめようとしても，具体的にどう対応すればよいか知るすべもありません。この状況を打開するためには，企業が非正社員に十分な説明をしたうえで合意が成立していた場合には，当事者の合意を尊重するという解釈を確立することが必要です（同条の「その他の事情」のなかで，不合理性を否定する要素として考慮するという解釈も考えられる）。

「同一労働同一賃金」とは，正社員と非正社員の賃金やその他の労働条件の格差の解消を意味するものではありません。正社員の賃金が完全に職務給になったり，また日本型雇用システムが崩壊して長期勤続へのインセンティブを与えるための手当や休暇等が不要となる時代がくれば，おのずから「同一労働同一賃金」は実現するでしょうが，少なくとも現時点では，まだそこまでには至っていません。そのような状況下では，格差があることを前提として，企業がいかにしてその格差を非正社員に納得してもらえるように説明したかを重視していくことが必要なのです。

この点では，正社員，非正社員それぞれのなかでいくつかの雇用区分に分け，その雇用区分間では労働条件の格差があるものの，本人が試験などにより上位の雇用区分に昇進して，労働条件を改善する道があるということは，格差の存在についての説得資料となると思います。裁判になった場合でも，Ａ事件やＢ事件の最高裁判決が行ったように，登用制度の存在が「その他の事情」として不合理性を否定する事情として考慮される可能性は高いのです。

8 真の格差問題は何か

最後に，労契法20条やパート有期法８条の政策目的である非正社員の公正な処遇の実現は，これらの法律の規定によって本当に実現するのかということも考えておきたいと思います。技術革新が進む現状では，非正社員の処遇を引き上げようとすると，企業は，非正社員に変えて，ロボットやＡＩを活用して省人化を進めていく可能性があります（最低賃金の引き上げについても同様のことが考えられる)。この意味で，非正社員のライバルは機械なのであり，機械のほうが安く効率的に成果を上げることができるとなれば，非正社員の業務はなくなっていくのです。このことは，実際にコンビニエンスストアの無人化の動きなどが現れていることからもわかります。

他方，現下のコロナ禍の状況下で，正社員の雇用の維持さえも困難となっているなか，多くの企業には，非正社員の処遇を引き上げる余力は残されていないでしょう。正社員に手当や休暇を認めると，同じものを非正社員にも認めなければならないとすると，企業は，正社員に対するそうした手当を見直す方向に行くかもしれません。就業規則で定める手当を廃止するのは，労働条件の不利益変更として，労働者の同意がなければ合理性が必要となります（労契法９条および10条）が，コロナ禍の状況では，不利益変更の高度の必要性があるとして，手当の廃止が認められる可能性は十分にあるでしょう。

さらにデジタルトランスフォーメーション（デジタル変革）が進むと，正社員が行ってきた業務もまた機械で代替されていく可能性があります。正社員の仕事さえなくなるのです。そこに至る前の段階でも，技術の急速な進歩があると，企業は自前で人材を育成しようとしなくなるでしょう。数年後の技術水準の予測がつかない以上，社員の教育に投資することはリスクが大きいからです。そうなると，即戦力となる人材を労働市場から調達するようになるでしょう。これは日本型雇用システムとはまったく異なる世界であり，もはや長期勤続へのインセンティブとして正社員を優遇するという有為人材確保論の基盤はなくなります。

社会のなかで格差が生じるのは大きな問題です。ただ正社員と非正社員の格差は，いずれ解消されていく問題です。これから直面する深刻な格差は，デジタル変革の波に乗れる者と乗れない者との間の格差です。そして，その格差はもはや労働法だけで対処することは難しいでしょう。格差を未然に予防するための教育政策の充実が望まれるのは，このためなのです（詳細は，拙著『デジタル変革後の「労働」と「法」―真の働き方改革とは何か？』(2020年，日本法令）を参照)。

同一労働同一賃金最高裁判決の意義～経済学的な視点から～

昭和女子大学副学長・特命教授　八代 尚宏

正規社員との格差是正を訴える非正規社員についての最高裁判所の判決は，各種手当の支給を認めたものの，賞与や退職金については容認されませんでした。この正規・非正規間の賃金格差についての論争は，多くの場合，日本の正規社員の働き方を基準とした「非正規社員の問題」として捉え，それをどのようにして正社員と等しくするかという視点が主となっています。

これに対して本稿では，この問題を労働市場の不完全性という経済学の視点から検討します。そもそも契約自由の市場経済の原則の下で，なぜ「有期雇用者に対する不合理な労働条件格差の禁止」という労働契約法の規定が必要とされるのでしょうか。それは日本の労働市場での対等な競争条件が阻害されているために，正規・非正規社員間に賃金や雇用条件の大きな格差が生じているからです。その主要な要因は，企業の内部と外部の労働市場を隔てる日本的雇用慣行という壁にあります。

この日本企業の「内部労働市場」は，過去の高い経済成長期には効率的に機能していましたが，1990年代以降の長期経済停滞の下では，多くの矛盾に直面しています。この非正規社員との不合理な賃金格差の是正という問題は，その一部に過ぎず，いずれも経済社会の環境変化に対応しない「正規社員問題」として考える必要があります。

これに対処するための具体的な手法としては，市場での競争条件の下で働く非正規社員と比べた，正規社員の「賃金や労働条件の違いの合理性」について，企業の立証責任を明確に示すことです。これが正規社員の働き方の改善を通じて，労働市場の公平性と効率性を高める第一歩となります。

1 問われているのは日本的雇用慣行の正当性

労働市場における個々の労働者の賃金水準や労働条件は，労使間の交渉で決まることが「契約自由」の原則です。これに対して政府が介入できるのは，社会政策の観点からの最低賃金や労働時間の上限等，限られた範囲にとどまります。この原則によれば，仮に同じ業務であっても，非正規社員に対して，予めその契約時点で正規社員には支給される賞与や退職金がないことが周知されており，その前提の上で，自発的に雇用契約を結んだとすれば，民法上の問題はないことになります。

しかし，それは労働市場が競争的な状況で，個人にとって正規社員と非正規社員の働き方の選択肢があり，各々に求められる業務内容等とのバランスで賃金水準が提示されていることが，その大きな前提です。しかし，現実の日本の労働市場では，正規社員と非正規社員との間の賃金には大きな差があります。また，これは若年者では小

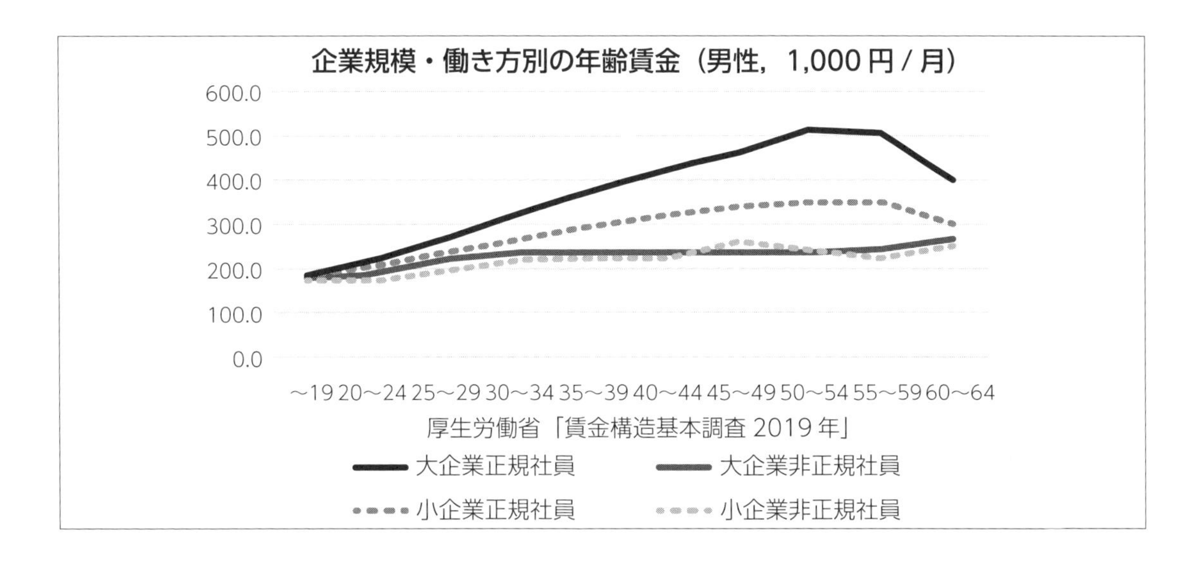

さく，中高年齢層で，とくに大企業ほど大きな正規社員の年功賃金による面が大きくなり，企業の規模や年齢にかかわらず，フラットな非正規社員の市場賃金と対比されます（**図**）。この基本給の差に加えて，約３か月分の賞与（賃金構造基本調査，男女平均，2019年）や，退職金の有無により，年収ベースでは，より大きな格差があります。

これは企業の内部労働市場に属する正規社員と，企業外部の非正規社員との間に大きな壁があり，両者の間に雇用の流動性が乏しいため，欧米では普遍的な同一労働同一賃金の原則が成り立っていないためです。ここで経済学では，合理的な理由がなく「一物一価の原則」が成立しない場合には，独占や寡占等，市場に何らかの問題点が生じていると考え，それを是正するのが政府の役割と考えます。

所定の業務と賃金があらかじめ決められた有期雇用契約の下で働く日本の非正規社員は，欧米の労働者の働き方と基本的には同じです。むしろ異なっているのは，期間の定めのない雇用で企業内のどの業務でも無限定に働くことが求められる正規社員の方です。戦後日本の高い経済成長期には，企業が熟練労働者を自社内に囲い込み，持続的に拡大する企業組織の必要に応じて，多様な業務で働くという長期雇用慣行が広がりました。これは毎年の定期昇給や賞与，および退職時の多額の一時金という「生涯を通じた賃金の後払い」で，社員が中途で企業を退職することを抑制する仕組みとセットになっています。

この企業と社員との間の長期継続的な取引慣行の下では，企業が利益を上げれば，それが賃上げや不況時の雇用保障等で正規社員に還元されます。このため欧米のような労働争議の頻発に比べて，長期的に円満な労使関係を生み，それが戦後日本の経済発展に大きな貢献をしたことは疑えません。

しかし，1990年代初からの長期経済停滞と少子高齢化の進展の下で，多くの日本企業では，過去の高成長期のような長期雇用保障を維持することや，増え続ける中高年社員の年功賃金のコストを負担することは困難になっています。それにもかかわらず，多くの企業は，過去の成功体験から，従来の雇用慣行を見直す代わりに，その対象となる正規社員の範囲を極力抑制し，新たな雇用需要には，有期雇用契約の社員を増やすことで対応してきました（八代1997）。

臨時工等の非正規社員は，昔から存在していましたが，過去の高い経済成長期の慢性的な人手不足の時代には，雇用の流動性も高く，正規社員への転換の機会も豊富であり，大きな社会問題はなりませんでした。しかし，バブル崩壊後の1990年代初から，そうした経済社会環境が大きく変化し，長期雇用保障の下で，基本給だけでなく賞与・退職金が保障される正規社員に比べて，有期雇用契約で基本給だけの非正規社員の比率は2002年の29％から，2019年には38％にまで持続的に高まっています。その結果，両者の間の雇用・賃金の格差が大きな社会問題となっています。それにもかかわらず，政府も企業もその抜本的な見直しを怠ってきたことが真の問題点です。

今回の最高裁の裁判で，直接，問われているのは，働き方の違いによる報酬の格差です。しかし，正規・非正規間の格差の問題は，有期雇用の社員を不況期の緩衝弁とすることで，無期雇用の社員の雇用と賃金の安定性を長期間に渡って保障されるという「労働市場の二重構造」にもあります。賃金が低いだけでなく雇用も不安定で，セーフティネットも乏しい非正規社員は，いずれも安定している正規社員と表裏一体の関係にあります（酒井2020）。

過去の高成長期の日本の働き方は，欧米のような企業と労働者の「労使対立」を克服した点では大きな評価を得ました。しかし，経済の長期停滞の下で，非正規社員数が持続的に増えることで，その正規社員との間の「労・労対立」は，いっそう深刻な問題となっています。

2　最高裁の非合理性の判断基準

同一労働同一賃金の裁判では，社員の業務内容，仕事上の責任，配置変更の範囲，その他の事情等の４要素を考慮して正規と非正規社員の格差が不合理なものか否かを判断するとされています。最高裁は，2020年の三つの判決を通じて，非正規社員への諸手当の部分で譲っただけで，日本的雇用慣行の根源である正規社員の年功賃金の後払いとしての賞与や退職金との格差を擁護するという「常識的」な判断を下しました。

しかし，ここで正規社員の業務範囲や責任，および配置転換の範囲が，単に非正規社員よりも広いから格差が合理的という定性的なものだけではなく，その働き方の違いが果たして基本給の差に加えて，数か月分の賞与や数年分の退職金という差に相当するほどのものかという定量的な視点が重要です。さもなければ形式的な責任範囲の違いを定めることで，「正規社員という身分」にもとづく格差がいつまでも放置されるからです。この点，東京高裁のメトロコマースの判決では，非正規社員にも４分の１の退職金の支払いが必要とされました。これは，その比率の妥当性はともかく，彼我の責任範囲等の差だけで退職金がゼロという判断への疑問を示したものといえます。

そうした正規社員と比べた非正規社員の働き方の違いを，具体的に金銭的にどう評価するかを示すことは，原告や裁判官には無理で，豊富な人事データをもつ企業側にしかできません。これが訴えられた企業側に対して，非正規社員の報酬格差が合理的なものであることの立証責任を求める一つの根拠となります。

もっとも，この仕事の内容や責任範囲が

正規社員とまったく同様な場合についても，正規社員との賃金格差が容認されたのが2018年の長澤運輸事件でした。この場合には，定年退職後に，定年前と同一の労働条件で働くトラック運転手についてのもので，働き方や能力の違いという言い逃れの余地は全くありませんでした。

それにもかかわらず，主として賞与相当分がなくなったことで，定年退職前と比べて，年収の２割が減少しました。労働基準法では，賞与は賃金の一部として認められており，所得税だけでなく社会保険料の課税ベースともなっています。なぜそれが同じ業務の非正規社員には支払われなくても良かったのでしょうか。

この点について最高裁は，「その他の事情」として，定年退職したトラック運転手には退職金が支払われていることや厚生年金を受給すること等の説明がありました。しかし，退職金は定年までの生涯賃金の「後払い」の意味はありますが，再雇用されなかった定年退職者との退職金に差がない以上，それで再雇用された後の賃金が低くても良いという理由にはまったくなりません。

さらに，厚生年金は政府が運営する年金保険で，過去の保険料に見合った労働者の受給額は，民間の年金保険受給額と同じ「金融所得」です。仮に，金融所得のある労働者なら生活に困らないから賃金は低くても良いという，「生活の必要度に応じて受け取る賃金」のルールは，社会主義国でもない日本では成り立ちません。もっとも，年金財政の観点から，一定以上の賃金を受け取る高齢者の年金給付を制限する「在職老齢年金」があります。しかし，公的年金は生活保護費ではなく，企業に対して最高裁が「年金を受給する労働者には年収を引き下げて良い」というお墨付きを与えることは，「労働に対する正当な対価」という，同一労働同一賃金の原則に真っ向から反するものではないでしょうか。

結局，最高裁の結論は，長期雇用保障・年功賃金の雇用慣行と不可分な定年退職後に，再雇用された場合に，賞与等がなくなることは社会的な慣行であり，その下落幅は「社会的に妥当な範囲内のため不合理なものではない」としました。しかし，このように「皆がやっているから妥当」を理由とすれば，どんな格差でも正当化することができるでしょう。せめて，日本の雇用慣行に内在する，労働契約法の精神との基本的な矛盾について言及するくらいのことはできなかったでしょうか。

3 メンバーシップ型とジョブ型での整理

正規社員の年功賃金と非正規社員の職種別賃金は，いわば水と油の関係にあります。この問題を考える上では，濱口（2009）の提唱したメンバーシップ型とジョブ型の類型化が有用です。欧米の職種別に構成された労働市場では，労働者は明確に定められた内容の仕事を行い，その対価としての賃金を受け取る「ジョブ型の雇用契約」が結ばれます。ここでは企業間の雇用の流動性が高く，仮に同じ職種で賃金に差があれば，それを埋めるような労働者の移動が生じるという意味で，経済全体での人材の効率的な配分が可能となります。これは日本でも数少ないジョブ型の働き方である派遣労働市場での賃金形成にも当てはまります。また，この働き方でも，労働者の熟練度が高まれば，それに応じて高い賃金のポストに移ることができます。それが結果的に勤続年数に比例するように見えても，あくまでも個々のポストごとに同一労働同一賃金が定められていることが大きな違いです。

他方で，日本の企業では，具体的な職務の代わりに正規社員という「身分」が定められ，人事部の指令の下で企業の中の多様な業務に従事する「メンバーシップ型の雇用契約」です。ここでは企業内の労働移動を円滑に行うため，賃金は個々の職務と切り離して，年齢や勤続年数に応じて決められる年功賃金となっています。この働き方の大きなメリットは雇用の保障です。仮に，省力化機械の導入やリストラで企業内の特定の仕事がなくなっても，企業には，その社員を他の仕事に配置転換し，新たな雇用機会を与える義務があります。また，社員もこれに対応して，企業の配置転換の指令に従う義務があります。このように，転勤を含む配置転換は，会社と社員にとって，共に権利であり義務でもあることから，この義務に従わなければ解雇もやむをえないという司法の判断が生じます。

この場合の企業の雇用保障は，必ずしもパターナリズムにもとづくものではありません。それは企業内の配置転換を通じた熟練形成というビジネスモデルにとって不可欠な仕組みだからです。また，企業間の雇用の流動性が低い分だけ，企業内の人事部主導の雇用の流動性を高める必要性があります。そこでは，個々の家庭の事情には，必ずしも配慮できないのが原則となります。このため，正規社員の間でも，雇用の安定性を最優先する，主として世帯主の男性社員と，むしろ特定の職務や働き場所の安定性を重視する，主として女性社員との間に利害対立が生じます。後者は，とくに子育てとの両立が困難な正規社員の働き方には適応できず，雇用や賃金面で不利でも，あえて非正規社員の働き方を選ぶ場合も少なくありません。

こうしたメンバーシップ型とジョブ型という，異なる働き方が同一企業内に混在していることが，日本の正規・非正規社員の格差をもたらす根本的な要因です。この非正規社員の職場での比率が持続的に高まるとともに，短期間の契約でも，それが何回も更新されることで，事実上の長期間の雇用になる場合が増えています。このため正規社員に近い業務を行う非正規社員の増加で，両者の賃金格差が大きな社会問題になっています。

こうした個別紛争の解決について，日本の労働組合が十分に機能していないことも大きな問題です。欧米の職種別の労働市場では，仮に同一職種内で賃金格差が持続すると，それが全体の賃下げ圧力に働くことを防ぐような労働組合の力が働きます。しかし，企業別に組織された労働組合では，非正規社員の賃金が低くとも，組合員である正規社員には影響しないため，積極的に介入する理由はありません。もっとも，非正規社員の組合加入率の高い流通業等での例外もありますが，これは正規社員の年功賃金の度合いが小さく，雇用の流動性も高いことから，元々，両者の間の賃金格差も小さな分野といえます。

4　なぜ各種手当の格差だけ認められたのか

最高裁判決で，非正規社員には容認されなかった賞与や退職金は，長期的な人事管理の必要性というメンバーシップ型雇用の本筋に関わる部分です。このため，仮に，結果的に長期間になったとしても短期雇用の繰り返しである契約社員には妥当しないことになります。しかし，この論理は，欧米諸国のジョブ型の働き方には存在しない「社員の身分」という日本企業の特殊な概念なしには説明できません。

経済学でも，短期と長期の契約では，価格や賃金が異なる場合は想定されています。しかし，企業がその社員に対して，長期の雇用を保障するなら，そのための「保証料」として短期の雇用契約よりも賃金が低くて当然になります。しかし,現実には,雇用が安定している正規社員の方が，賃金も平均して高くなっており，この説明は日本の労働市場には妥当しません。

これは，不況やリストラ時の雇用調整の仕組みについても同様です。非正規社員の雇用契約を更新しない，事実上の解雇という犠牲の上で，正規社員の雇用を守ることの正当性は，裁判所自体が形成した「整理解雇の四要件」という判例法理のコア部分であり，正規社員と非正規社員との「雇用上の身分格差」を，むしろ助長するものといえます。

これに対してアメリカの労働組合が認めた「レイオフ（一時解雇）」の仕組みは，やはり不況期に，一定数の社員が一時的にでも解雇されることは同じです。しかし，その違いは同じ正規社員の内で，相対的に短い勤続年数の者が解雇されるという意味で，雇用が守られる者とは「連続的」な関係です。これがジョブ型の働き方の大きな特徴といえます。日本のように，長年勤務した非正規社員が雇い止めされる一方で，新人の正規社員の雇用が守られるという身分格差ではありません。

しかし，日本でも，正規・非正規社員に共通した報酬があります。それは残業手当等，法律で定められた労働の対価です。これは，メンバーシップ型とジョブ型に関わらず，両者の働き方の内,「労働時間の長さ」という別の基準にもとづいたものです。郵便局員の年末年始勤務手当や夏季冬季休暇も，法律に定められた休日割増手当の延長線上のものであり，それだけ裁判所に認められやすかったといえます。

ここで年末年始の勤務は，本来，郵便局員という業務には不可欠なものである以上，メンバーシップ型では基本給に含まれると考えても良いものです。それが例外的に，多くの人々が休む年末年始にも働かなければならないことの代償として，特別の手当が支給されるとすれば，これは契約にもとづいて働くジョブ型の要素が，一部混入していると解釈されます。このため，元々，ジョブ型の働き方の契約社員にも支給されることが合理的なものとなります。もっとも，こうした当然の手当の支給について，あえて最高裁を煩わせなければならないということは，日本郵政という大企業や，その労働組合の，同じ労働者に対する考え方を示す好例といえます。

もっとも，このように非正規社員に対して，各種手当の一部について支給を認めたことは，逆に正規社員の基本給に関わる賞与等，日本的雇用慣行の根幹に関わる部分については，断固，認めないということと，表裏一体の関係にあるとも考えられます。それに踏み込むことは，あくまでも行政の責任であり，司法としては関与しないというのが，今回の最高裁の判断といえます。

5 政府の「同一労働同一賃金ガイドライン」の問題点

今回の最高裁の判断に一定の影響を及ぼした可能性があるものが，政府の「働き方改革実現会議」に定められた同一労働同一賃金に関するガイドラインです。ここで具体的に定められたのが，「同じ業務で，同じ勤続年数の非正規社員の賃金が正規社員と同じでなければ，不合理な格差」というものです。これは，一見すれば公平なように見られますが，現実には正規社員の定年直前の平均勤続年数（55～59歳，男性）が24.6年に対して，同年齢の非正規社員では7.5年（厚生労働省「賃金構造基本調査2019年」）と３倍以上の格差があります。このように，正規社員と同じ長さの勤続年数の非正規社員という特殊な場合についてのみ，同一労働同一賃金の原則を容認することは，それ以外の大部分の賃金格差を正当化するものといえます。これは「規制の本質はその細部に宿る」の典型例です。

本来は，同一企業内の勤続年数にかかわらず，同じ仕事であれば，中途採用者や契約社員等も含めて，同一労働同一賃金が基準となるべきです。もっとも何が同じ業務かについて，メンバーシップ型の働き方の場合には明確ではない場合が多いので，紛争が起きた場合には，その根拠を企業側が立証する義務を課すことが大きなポイントです。これは欧米の企業では，「自分の賃金が同じ業務の同僚の社員より低いのは，自分がマイノリティーだからだ」と訴える社員が珍しくないからです。そうした裁判では，企業側が差別をしていないことを，人事記録等を用いて立証できなければ，多額の補償金を支払わなければなりません。

このガイドラインでも，「企業の説明責任」について触れられていますが，これは単に説明するだけで，社員が納得しなくてもよいのでは意味はありません。現に，裁判になった場合には，企業と社員との双方が各々説明義務をもつという民法の一般原則に依ることとなっています。これでは他の社員の人事記録を持たない社員側は，一方的に不利になります。訴えられた企業の方に明確な反証を行う義務を課さなければ，同一労働同一賃金の原則は絵に描いた餅になります。

これに対して，企業に詳細な説明責任を課すことは「負担増」になるとの批判があります。しかし，正規・非正規にかかわらず，自らの社員の人事評価を整備しておくことは，正規社員の間でも公平な能力主義人事を行う上で不可欠です。それは人事部だけでなく，各部局の管理職のもっとも重要な業務の一つです。本来，部下を管理する能力というのは，一定の年齢になれば誰にでもできるような簡単な業務ではなく，もっとも重要な専門職の業務です。それが年齢に応じた処遇ポストになっている場合が多いことが，日本のメンバーシップ型の働き方の大きな問題点の一つです。

仮に，個々の社員の人事評価に関する企業の説明責任の強化が，ガイドライン等で義務付けられれば，企業側ではそれが可能な有能な人材を管理職に充てなければならず，従来の年功昇進の慣行に風穴を開けられる契機ともなります。これは日本の企業にとっても，結果的に大きなメリットになるのではないでしょうか。

社員の仕事能力評価についても，例えば，工場に勤務する社員であれば，特定の業務しか行わない臨時工に対して，多様な工程に対応可能な多能工の正規社員の能力差は明確です。事務系でも多様な業務ごとに必要とされる仕事の内容が規定してあれば，正規と非正規社員との能力差はそれだけ明確になります。

メトロコマースの事例でも，単に，正規社員の「他の業務に配置転換する可能性」の有無だけではなく，それに相応しい仕事能力が明確になっていれば，非正規社員の納得性も高まった可能性があります。また，「契約社員から正規社員への登用の可能性があったにも関わらず，それに応募しなかったこと」が，賃金格差を正当化させる一つの根拠となっていました。しかし，これも登用されるための試験の内容や，実際に登用された社員の年齢分布等の具体的なデータが示されなければ，現実に，訴訟当事者の契約社員にどれだけ可能性があったのかの判断も困難です。これらも企業側に必要なデータを提供する責任を課さなければ，裁判所では公平な判断はできません。

6 雇用政策としての同一労働同一賃金の役割

先の最高裁から投げ返されたボールを受け取るべき，今後の行政の本来の役割は，どうあるべきでしょうか。司法では，正規社員と非正規社員との賃金格差が「不合理的なもの」と判断されれば，非正規社員の賃金を正規社員に合わせることが，その当然の結論となります。しかし，雇用政策の視点からは，グローバルスタンダードの職種別賃金を，今後の少子高齢化社会では維持することが困難な正規社員の年功賃金に合わせることは，いわば経済環境の変化と逆方向への改革となります。

日本の市場経済社会の下では，賃金は市場での労働需給関係と，それを反映した労使間の合意で定められるはずです。現行の年功賃金も，過去の高い経済成長の下での熟練労働者の慢性的な不足という，特殊な経済環境の下で普及した合理的な仕組みでした。しかし，そうした環境が大きく変化し，労働者の高齢化とグローバル化が急速に進みつつある今後の日本では，それに見合った別の合理的な方向への変化が進みつつあります。こうした社会の変化を円滑に進めることが政府の本来の役割と考えれば，以下の三つのポイントが重要となります。

第1は，企業に対して「有期と無期の雇用契約の差で不合理な賃金・労働条件の差がないこと」の立証責任を企業側に課すことの法制化です。これは企業別の労使交渉等では出てこないテーマですので，それだけ政府のリーダーシップが求められます。これは日本の公害対策と共通した面があります。ここで被害者側ではなく，工場側が汚染物質を出していないことの立証を義務付けた公害対策基本法で，公害防止政策が大きく前進しました。人種・国籍や性別の違い等で労働条件に差をつけることを「社会的な公害」と考えれば，これらについて，企業側が「不合理な格差ではない」ことを立証することが，その大きな社会的責任で，それは雇用契約の違いについても同様です。また，その結果，企業にとっても，自らの人事管理の効率化にも貢献することで，プラス面も大きいといえます。

第2は，高齢化が急速に進む今後の日本社会では，一定の年齢に定められた定年退職制度が，高齢者の活用を阻む大きな壁となっています。長澤運輸事件でも，運輸業界の人手不足の下で，なぜ定年前と同じ仕事を十分に続けられるトラック運転手を，定年退職させ，賞与なしの有期契約で再雇用しなければならなかったのでしょうか。仮に，40歳代から賞与も含めた年俸ベースでフラットな賃金になっていれば，仕事能力が低下しない限り，何歳までも働き続けられ，会社も本人も満足できる結果となったといえます。本来の同一労働同一賃金法とは，同じ賃金に見合った仕事能力であれば，個人の年齢に関わりなく働き続けられることを原則とすべきです。そうなれば，他の先進国と同様に，日本でも定年退職を「年齢による差別」として禁止する方向への第一歩となります。

第３に，現在，多くの企業で定年年齢が60歳に定められていることは，高年齢者雇用安定法の「60歳以下の定年制の禁止」に基づいているためです。仮に，これを柳川（2013）のように,「40歳以下」と引き下げ，企業が雇用保障を行う年齢の選択肢を（現行の60歳も含めて）大幅に広げればどうでしょうか。60歳で企業を退職すれば，その後は非正規社員の選択肢しかありませんが，40歳なら他の企業の正規社員や，元の企業でジョブ型の働き方で再雇用されるなど多くの選択肢が生まれます。これは雇用保障の代償に，企業内で無限定な働き方を強いられるメンバーシップ型の働き方を，一定の年齢層にとどめることを政府として（強制ではなく）奨励する意味があります。

おわりに

今回の最高裁判決は，正規・非正規社員間の賃金格差の問題について決着をつけたものとはいえません。これは争点となった賞与や退職金は，毎月の基本給の一定倍率で定められているためです。仮に，将来の最高裁判決で，非正規社員にも賞与や退職金の支払いが認められるように修正されたとしても，その元になる基本給の決め方に年功賃金と市場賃金という決定的な差がある以上，両者の年収ベースの格差が次の争点になる可能性が大きいといえます。

日本の労働市場では，メンバーシップ型の正規社員とジョブ型の非正規社員という二重の労働市場となっていたことが，公平性と効率性の両面で様々な問題を引き起こしています。これはいずれかに統一するというよりも，両者をどう組み合わせるかというポートフォリオが重要です。これは，まず新卒採用時から30歳代までは多様な職場を経験してスキルを高めるメンバーシップ型で，その後はこれまで経験した内で特定の業務に専念するジョブ型で，自ら希望する時期に引退という時間軸での分け方です。他方で，採用面では，人事部主体のメンバーシップ型の社員に比べて，各部局別に各々の専門分野に特化したジョブ型の社員の比率を高め，低成長期に合わせたバランスを図る必要があります。

今後の第４次産業革命の到来で，従来のミドルスキルのホワイトカラーの仕事が，正規非正規社員を問わず，AIに代替されるリスクが高まっています（大内2019）。従来の企業内で時間をかけて熟練労働者を育成する方式の持続性も問われています。

戦後日本のメンバーシップ型の働き方は，過去の高い経済成長期に良く機能したものでした。これを今後の新しい経済社会環境に適応したものへと変革する上では，同一労働同一賃金のジョブ型の働き方を基本として，それからかい離する場合の企業の説明責任が必要という長期的な視点が，行政と司法とに求められています。

〈参考文献〉

大内伸哉（2019）「非正社員改革」中央経済社
酒井正（2020）「日本のセーフティネット格差」慶応義塾大学出版会
濱口桂一郎（2009）「新しい労働社会」岩波書店
柳川範之（2013）「日本成長戦略40歳定年制」さくら舎
八代尚宏（1997）「日本的雇用慣行の経済学」日本経済新聞社
八代尚宏（2020）「日本的雇用・セーフティーネットの規制改革」日本経済新聞出版

第２部

最高裁５判決による企業実務への影響

5判決の解説と迫られる企業の対応

丸の内総合法律事務所　弁護士　大庭 浩一郎／弁護士　岩元 昭博

1 はじめに

令和２年10月13日及び15日に，同一労働同一賃金に関する以下の５件の最高裁判決が出されました（**表１**）。

これらの判決において争点とされた労働契約法20条は，既に働き方改革関連法の成立に伴い，短時間労働者及び有期雇用労働者の雇用管理の改善等に関する法律（以下「パート有期法」という）８条に衣替えしていますが，これらの判決は，同条の解釈にあたっても極めて重要な意味を有するものと解されます。本稿では，これらの判決について解説を行うとともに，企業実務に及ぼす影響や企業に求められる対応策について検討します。

2 不合理性の判断手法の概要

（１）不合理性の判断基準

大阪医科薬科大学事件及びメトロコマース事件の最高裁判決は，「労働契約法20条」の趣旨について，「有期契約労働者と無期契約労働者の労働条件の格差が問題となっていたこと等を踏まえ，有期契約労働者の公正な処遇を図るため，その労働条件につき，期間の定めがあることにより不合理なものとすることを禁止したもの」と述べたうえで，労働条件の相違が不合理と認められるものに当たるかの判断に当たっては，問題とされた労働条件の性質やこれを支給することとされた目的を踏まえて労働契約法20条所定の諸事情（「職務の内容（責任の程度を含む）」，「職務の内容及び配置の変更の範囲」，「その他の事情」）を考慮することにより，当該労働条件の相違が不合理と評価することができるものであるか否かを検討すべきと述べています。

また，長澤運輸事件最高裁判決は，労働契約法20条所定の「その他の事情」について，職務内容及び変更範囲に関連する事情に限定されるものではないと判断していますが，今回の最高裁判決においても，同様に，「その他の事情」について広く考慮するというスタンスを示しています。

表１

①	令和２年10月13日第三小法廷判決	大阪医科薬科大学事件
②	令和２年10月13日第三小法廷判決	メトロコマース事件
③	令和２年10月15日第一小法廷判決	日本郵便東京事件
④	令和２年10月15日第一小法廷判決	日本郵便大阪事件
⑤	令和２年10月15日第一小法廷判決	日本郵便佐賀事件

（2）比較対象となる労働者の範囲の選択

労働条件の相違の不合理性の判断にあたって，比較の対象とする無期契約労働者をどのように設定すべきかについては，一般論でいえば，広く捉えると使用者側にとって有利に働き，狭く捉えれば労働者側にとって有利に働くと言われています。

大阪医科薬科大学事件では，原告である労働者側は，自らと同じ業務に従事している「(基礎系教室に) 教室事務員として配属されている正職員」を比較の対象とすべきと主張しましたが，大阪地裁・大阪高裁ともにこの主張を退け，正職員全体を比較の対象とすべきと判断しました。また，大阪高裁の判決においては，「控訴人（引用者注：第1審原告）は，裁判所は，有期雇用労働者側が設定した比較対象者との関係で不合理な相違があるかどうかを判断すべきであるとも主張するが，比較対象者は客観的に定まるものであって，有期契約労働者側が選択できる性質のものではない」との判断もなされていました。

他方，メトロコマース事件では，原告である労働者は，自らと同じ業務に従事している「売店業務に専従する正社員」と比較すべきと主張しましたが，東京地裁では，正社員全体を比較の対象とすべきと判示されたのに対し，東京高裁では，相違が不合理であると主張する有期契約労働者において特定して主張すべきものであり，裁判所はその主張に沿って当該労働条件の相違が不合理と認められるか否かを判断すれば足りると判示しました。

このように，今回の最高裁判決前の下級審の段階では，比較の対象とする無期契約労働者の範囲について，原告である労働者側が選択できるのか否か，かかる比較の対象の範囲をどのように設定すべきか，という2点を巡って争いがあったものです。

この点について，大阪医科薬科大学事件及びメトロコマース事件の最高裁判決では，比較の対象の範囲をどのように考えるのかという問題について具体的に論じることなく，「第1審原告らにより比較の対象とされた教室事務員」,「第1審原告らにより比較の対象とされた売店業務に従事する正社員」を比較の対象とし，原告である労働者側が設定した比較の対象と比較して不合理かどうかを判断しています。

これらの判決からすると，最高裁は，原告である労働者が比較の対象を選択できるという考え方をとっているものと考えられます。

3 大阪医科薬科大事件

（1）事案の概要

本件は，主に大学の薬理学教室内の秘書業務に従事していた有期契約のフルタイムのアルバイト職員（第1審原告は，約2か月間の有期契約を締結した後，契約期間1年間で3回更新している。ただし，アルバイト職員の就業内規上，その上限が5年とされていた。）と無期契約労働者（正職員）との間[1]での，①賞与の支給の有無及び，②私傷病欠勤中の賃金の支給の有無[2]及び休職給の支給の有無が，労働契約法20条にいう不合理と認められるものに当たるかが

[1] 基本給でいうと，正職員は月給制（昇給あり）で，アルバイト職員は時給制（昇給の定めなし）という違いがありました。

争われた事案です。原審である大阪高裁は，①の賞与について，正職員として賞与算定期間に在籍・就労していたことに対する対価としての性質を有するとして，フルタイムのアルバイト職員に対して，賞与を全く支給しないことは不合理であるとしつつ，正職員に対する賞与は付随的に長期就労への誘因という趣旨が含まれることや，アルバイト職員の功労は正職員に比し相対的に低いなど（さらに，契約職員に正職員の約80％の賞与が支給されていることも勘案）に照らすと，正社員と同額にしなければ不合理であるとまではいえないにしても，正職員のうち平成25年４月１日付けで新規採用された者と比較し，その者の支給基準の60％を下回る部分の相違は不合理であると判示しました。また，②の私傷病欠勤中の賃金の支給の有無及び休職給の支給の有無については，正職員として長期にわたり継続して就労をしてきたことに対する評価又は将来にわたり継続して就労をすることに対する期待から，その生活保障を図る目的であるとして，フルタイムで勤務し契約を更新したアルバイト職員は，職務に対する貢献の度合いも相応に存し，生活保障の必要があることも否定しがたいとして，長期間継続した就労を行うことの可能性及びその期待についての正職員との相違を考慮して，私傷病欠勤中の賃金の支給につき給料１か月分，休職給の支給につき休職給２か月分をそれぞれ下回る部分の相違は不合理であると判示していました。

（2）賞　与

ア　趣旨・性質・目的

本判決では，第１審被告（大学）の正職員に対する賞与は，基本給とは別に支給される一時金として，「その算定期間における財務状況等を踏まえつつ，その都度，第１審被告により支給の有無や支給基準が決定される」という点を前提としつつ

【支給実績からの判断】 通年で基本給の4.6か月分が一応の支給基準となっており，支給実績からは，第１審被告の業績に連動するものではなく，算定期間における労務の対価の後払いや一律の功労報償，将来の労働意欲の向上等の趣旨を含む。
【算定基礎である基本給の性質等からの判断】 （賞与算定の基礎である）正職員の基本給については，勤務成績を踏まえ勤務年数に応じて昇給するものとされており，勤続年数に伴う職務遂行能力の向上に応じた職能給の性格を有する。おおむね，業務の内容の難度や責任の程度が高く，人材の育成や活用を目的とした人事異動が行われていた。

などの事情を挙げて，このような正職員の賃金体系や求められる職務遂行能力及び責任の程度等に照らせば，第１審被告は，正職員としての職務を遂行し得る人材の確保やその定着を図るなどの「目的」から，正職員に対して賞与を支給することとしたものといえると判示しました。

イ　職務の内容・変更の範囲

本判決は，比較対象として，同じく教室事務員である正職員と比較しています。労働契約法20条に定める「職務の内容（責任

2　正職員が私傷病で欠勤した場合には，当初の６か月間は給料全額が支払われ，その後は休職となり標準給与の２割の休職給が支払われていたのに対し，アルバイト職員の場合には私傷病欠勤中の賃金の支給や休職給の支給がありませんでした。

の程度を含む)」及び「職務の内容・配置の変更の範囲」のいずれも，**表2**のとおり，「一定の相違」があったとされました[3]。

ウ　労働契約法20条の「その他の事情」

さらに本判決では，「その他の事情」として，

①　第1審被告は，教室事務員の業務の内容の過半が定型的で簡便な作業等であったため，平成13年頃から，アルバイト職員に置き換えてきた。その結果，教室事務員である正職員はわずか4名にまで減少することとなり，業務の内

表2

	【比較対象】 教室事務員である正職員	【第1審原告】 教室事務員であるアルバイト社員
職務の内容に一定の相違がある	業務の内容は共通する部分はあるものの，アルバイト職員の行う業務に加えて，学内の英文学術誌の編集事務等，病理解剖に関する遺族等への対応や部門間の連携を要する業務又は毒劇物等の試薬の管理業務等にも従事。	その具体的内容[4]や，第1審原告が欠勤した後の人員の配置に関する事情[5]からすると，相当に軽易。
職務の内容・配置の変更の範囲に一定の相違がある	人事異動を命ぜられる可能性があった。	原則として業務命令によって配置転換されることはなく，人事異動は例外的かつ個別的な事情により行われていた。

3　最高裁は，事実関係の概要の箇所で，以下のとおり比較対象ではないところの正職員一般とアルバイト社員一般の比較にも触れており，比較対象外に関わる事情であっても勘案しているように解されます。すなわち，後述するように，正職員一般とアルバイトとの間には，「職務の内容（責任の程度を含む)」及び「職務の内容・配置の変更の範囲」において大きな相違があるが，比較対象の正職員において他の大多数の正職員と職務の内容及び変更の範囲を異にするに至ったのは，特殊事情があったことに基づくとの文脈で論じられているようです。

<table>
<tr><th>正職員</th><th>アルバイト職員</th></tr>
<tr><td>総務，学務，病院事務等多岐に及ぶ。定型的で簡便な作業等ではない業務が大半を占め，中には法人全体に影響を及ぼすような重要な施策も含まれ，業務に伴う責任が大きい。</td><td>定型的で簡便な作業が中心。</td></tr>
<tr><td>出向や配置転換等を命ぜられることがある。2年間程度において約30名の正職員がその対象となっていた。</td><td>就業内規上は，他部門へ異動を命ずることがあると定められていたものの，原則として他の部署に配置転換されることはなく，人事異動は例外的かつ個別的な事情によるものに限定。</td></tr>
<tr><td colspan="2">業務の内容の難度や責任の程度は，正職員，嘱託職員，契約職員，アルバイト職員，の順序となっていた</td></tr>
</table>

4　所属する教授や教員等のスケジュール管理や日程調整，電話や来客等の対応，教授の研究発表の際の資料作成や準備，教授が外出する際に随行，教室内における各種事務（教員の増減員の手続，郵便物の仕分けや発送，研究補助員の勤務表の作成や提出，給与明細書の配布，駐車券の申請等)，教室の経理，備品管理，清掃やごみの処理，出納の管理等。

5　第1審原告が多忙と強調していたことから，第1審被告は，第1審原告が欠勤した後の後任としてフルタイムの職員1名とパートタイムの職員1名を配置しましたが，恒常的に手が余っている状態が続いたため，フルタイムの職員1名のみの配置に変更しました。

容の難度や責任の程度が高く，人事異動も行われていた他の大多数の正職員と比較して極めて少数となっていた

⇒教室事務員である正職員が他の大多数の正職員と職務の内容及び変更の範囲を異にするに至ったことについては，教室事務員の業務の内容や第１審被告が行ってきた人員配置の見直し等に起因する事情が存在した

②　アルバイト職員については，契約職員及び正職員へ段階的に職種を変更するための試験による登用制度が設けられていた

という事情を，不合理性を減殺する事情として挙げています。

エ　不合理性についての判断

そのうえで，本判決は，正職員に対する賞与の性質やこれを支給する目的を踏まえて，「職務の内容（責任の程度を含む）」（上記**イ**），「職務の内容・配置の変更の範囲」（上記**イ**），「その他の事情」（上記**ウ**）を考慮すれば，以下の事情を斟酌しても，賞与の有無の相違は，不合理とはいえないと判示しました。

正職員に対する賞与の支給額がおおむね通年で基本給の4.6か月分であり，そこに労務の対価の後払いや一律の功労報償の趣旨が含まれること
正職員に準ずるものとされる契約職員に対して正職員の約80％に相当する賞与が支給されていたこと
アルバイト職員である第１審原告に対する年間の支給額が平成25年４月に新規採用された正職員の基本給及び賞与の合計額と比較して55％程度の水準にとどまること

（３）私傷病欠勤中の賃金の支給の有無及び休職給の支給の有無

ア　趣旨・性質・目的

本判決は，私傷病欠勤中の賃金（６か月間）及び休職給（休職期間中において標準給与の２割）の目的について，正職員が長期にわたり継続して就労し，又は将来にわたって継続して就労することが期待されることに照らし，正職員の生活保障を図るとともに，その雇用を維持し確保する「目的」によるものと認定し，このような私傷病による欠勤中の賃金・休職給の性質及びこれを支給する目的に照らすと，これらは，このような職員の雇用を維持し確保することを前提とした制度であるとしました。

イ　職務の内容・変更の範囲

原告と教室事務員である正職員との間に「職務の内容（責任の程度を含む）」及び「職務の内容・配置の変更の範囲」に一定の相違があったとされたことについては上記**（２）イ**のとおりです。

ウ　労働契約法20条の「その他の事情」

「その他の事情」についても，上記**（２）ウ**と同様の事情が指摘されています。

エ　不合理性についての判断

その上で，本判決は，「職務の内容（責任の程度を含む）」（上記**イ**），「職務の内容・配置の変更の範囲」（上記**イ**），「その他の事情」（上記**ウ**）の事情に加えて，以下のとおり，長期雇用が前提とされていない事情をも勘案して，不合理であるとは評価できないと判断しました。

アルバイト職員は，契約期間を１年以内とし，更新される場合はあるものの，長期雇用を前提とした勤務を予定しているものとはいい難いことにも照らすと，教室事務員であるアルバイト職員は，雇用を維持し確

保することを前提とする制度の趣旨が直ちに妥当するものとはいえない
第１審原告は，勤務開始後２年余りで欠勤扱いとなり，欠勤期間を含む在籍期間も３年余りにとどまり，その勤続期間が相当の長期間に及んでいたとはいい難く，第１審原告の有期労働契約が当然に更新され契約期間が継続する状況にあったことをうかがわせる事情も見当たらない

(4) 小　括

このように，本判決においては，「賞与」の目的を，正職員としての職務を遂行し得る人材の確保・定着を図る目的とし，「私傷病欠勤中の賃金・休職給」の目的を，長期にわたり継続して就労又は将来にわたって継続的に就労することが期待される正職員の生活保障を図るとともに，その雇用を維持し確保することとしています。前者は正職員にのみ妥当する目的ですが，後者は必ずしも，正職員といえなくても妥当する可能性がある目的であると解されます。本件の第１審原告については，正職員でない以上，前者の目的は該当しないことは当然ですが，後者の目的についても，フルタイムであっても，アルバイトであって，長期雇用が前提とされていなかった(上限５年)という理由でもって，かかる目的が妥当しないと判断したものと解されます。

		大阪地裁	大阪高裁	最高裁
賞　与	趣旨・性質・目的	・一般的に賞与は，月額賃金を補うものとしての性質も有している。 ・被告の正職員に対して，賃金の一定の割合を賞与として特定の時期にまとめて支給することは，長期雇用が想定され，かつ，上記したような職務内容等を担っている正職員の雇用確保等に関するインセンティブとして一定の合理性がある。	・賞与は，月例賃金とは別に支給される一時金であり，労務の対価の後払い，功労報償，生活費の補助，労働者の意欲向上等といった多様な趣旨を含み得る。 ・第１審被告における賞与がどのような趣旨を有するものかをみるに，明確な定めはないものの，正職員に対して支給されていた賞与は，旧来から通年で概ね基本給の4.6か月分との額であった。 ・賞与の支給額は，正職員全員を対象とし，基本給にのみ連動するものであって，当該従業員の年齢や成績に連動するものではなく，第１審被告の業績にも一切連動していない。 ・このような支給額の決定を踏まえると，第１審被告における賞与は，正職員として賞与算定期間に就労していたことそれ自体に対する対価としての性質を有する。そして，そこには，賞与算定期間における一律の功労の趣旨も含まれる。	・第１審被告の正職員に対する賞与は，正職員給与規則において必要と認めたときに支給すると定められているのみであり，基本給とは別に支給される一時金として，その算定期間における財務状況等を踏まえつつ，その都度，第１審被告により支給の有無や支給基準が決定される。 ・上記賞与は，通年で基本給の4.6か月分が一応の支給基準となっており，その支給実績に照らすと，第１審被告の業績に連動するものではなく，算定期間における労務の対価の後払いや一律の功労報償，将来の労働意欲の向上等の趣旨を含む。 ・正職員の基本給については，勤務成績を踏まえ勤務年数に応じて昇給するものとされており，勤続年数に伴う職務遂行能力の向上に応じた職能給の性格を有するものといえる上，おおむね，業務の内容の難度や責任の程度が高く，人材の育成や活用を目的とした人事異動が行われていた。 ・このような正職員の賃金体系や求められる職務遂行能力及び責任の程度等に照らせば，第１審被告は，正職員としての職務を遂行し得る人材の確保やその定着を図るなどの目的から，正職員に対して賞与を支給。
	不合理な労働条件の相違にあたるか	・アルバイト職員については，上記したような正職員と同様のインセンティブが想定できない上，雇用期間が一定ではないことから，賞与算定期間の設定等が困難である。 ・以上のような事情に，透明性や公平感の確保という観点をも併せ鑑みれば，有期雇用労働者に対しては，むしろ完全時給制で労働時間に応じて賃金を支払う方が合理的である。 ・加えて，月額賃金と賞与を合わせた年間の総支給額で比較しても，約55パーセント程度の水準であり，相違の程度は一定の範囲に収まっている。 ⇒不合理とはいえない。	・第１審被告における賞与が，正職員として賞与算定期間に在籍し，就労していたことそれ自体に対する対価としての性質を有する以上，同様に第１審被告に在籍し，就労していたアルバイト職員，とりわけフルタイムのアルバイト職員に対し，額の多寡はあるにせよ，全く支給しないとすることには，合理的な理由を見出すことが困難であり，不合理というしかない。 ・もっとも，第１審被告の賞与には，功労，付随的にせよ長期就労への誘因という趣旨が含まれ，先にみたとおり，不合理性の判断において使用者の経営判断を尊重すべき面があることも否定し難い。 ・さらに，正職員とアルバイト職員とで	・教室事務員である正職員とアルバイト職員である第１審原告の業務の内容は共通する部分はあるものの，第１審原告の業務は，その具体的な内容や，第１審原告が欠勤した後の人員の配置に関する事情からすると，相当に軽易であることがうかがわれるのに対し，教室事務員である正職員は，これに加えて，(略)にも従事する必要があったのであり，両者の職務の内容に一定の相違があった。 ・教室事務員である正職員は人事異動を命ぜられる可能性があったのに対し，アルバイト職員は原則として業務命令によって配置転換されることはなく，人事異動は例外的かつ個別的な事情により行われていたものであり，両者の職務の内容及び配置の

			は，実際の職務も採用に際し求められる能力にも相当の相違があったというべきであるから，アルバイト職員の賞与算定期間における功労も相対的に低いことは否めない。 ・これらのことからすれば，フルタイムのアルバイト職員とはいえ，その職員に対する賞与の額を正職員に対すると同額としなければ不合理であるとまではいうことができない。 ⇒上記の観点及び第１審被告が契約職員に対し正職員の約80％の賞与を支払っていることからすれば，第１審原告に対し，賃金同様，正職員全体のうち平成25年４月１日付けで採用された者と比較対照し，その者の賞与の支給基準の60％を下回る支給しかしない場合は不合理。	変更の範囲に一定の相違があった。 【本文にある２つのその他の事情は省略】 ⇒第１審被告の正職員に対する賞与の性質やこれを支給する目的を踏まえて，教室事務員である正職員とアルバイト職員の職務の内容等を考慮すれば，正職員に対する賞与の支給額がおおむね通年で基本給の4.6か月分であり，そこに労務の対価の後払いや一律の功労報償の趣旨が含まれることや，正職員に準ずるものとされる契約職員に対して正職員の約80％に相当する賞与が支給されていたこと，アルバイト職員である第１審原告に対する年間の支給額が平成25年４月に新規採用された正職員の基本給及び賞与の合計額と比較して55％程度の水準にとどまることをしんしゃくしても，不合理とはいえない。
私傷病による欠勤中の賃金	趣旨・性質・目的	・正職員として長期にわたり継続して就労をしてきた貢献に対する評価や，定年までの長期継続した就労を通じて，今後長期にわたって企業に貢献することが期待されることを踏まえ，正職員の生活に対する生活保障を図る点にある。	・正職員として長期にわたり継続して就労をしてきたことに対する評価又は将来にわたり継続して就労をすることに対する期待から，正職員の生活に対する保障を図る点にある。	・正職員が長期にわたり継続して就労し，又は将来にわたって継続して就労することが期待されることに照らし，正職員の生活保障を図るとともに，その雇用を維持し確保するという目的によるもの。 ・このような第１審被告における私傷病による欠勤中の賃金の性質及びこれを支給する目的に照らすと，同賃金は，このような職員の雇用を維持し確保することを前提とした制度である。
	不合理な労働条件の相違にあたるか	・アルバイト職員については，契約期間が最長でも１年間であって，被告において長期間継続した就労をすることが当然には想定されていないことからしても，上記したような正職員に係る就労実態等とは異なっている。 ⇒不合理とはいえない。	・アルバイト職員は，契約期間が最長でも１年間であるから，第１審被告において長期間継続した就労をすることが多いとも，そのような長期間継続した就労をすることに対する期待が高いともいい難い。正職員はその能力に鑑み代替性が乏しい反面，アルバイト職員は定型的かつ簡便な作業を担うため代替性が高いことも，そのような長期間継続した就労に対する評価又は期待に対して一定の影響を及ぼすことは否定し得ない。 ・しかし，アルバイト職員も契約期間の更新はされるので，その限度では一定期間の継続した就労もし得る。アルバイト職員であってもフルタイムで勤務し，一定の習熟をした者については，第１審被告の職務に対する貢献の度合いもそれなりに存するものといえ，一概に代替性が高いとはいい難い部分もあり得る。そのようなアルバイト職員には生活保障の必要性があることも否定し難いことからすると，アルバイト職員であるというだけで，一律に私傷病による欠勤中の賃金支給や休職給の支給を行わないことには，合理性があるとはいい難い。 ・先にみた事情を考慮すると，フルタイム勤務で契約期間を更新しているアルバイト職員に対して，私傷病による欠勤中の賃金支給を一切行わないこと，休職給の支給を一切行わないことは不合理というべき。 ・正職員とアルバイト職員の，長期間継続した就労を行うことの可能性，それに対する期待についての本来的な相違を考慮すると，第１審被告の正職員とアルバイト職員との間において，私傷病により就労をすることができない期間の賃金の支給や休職給の支給について一定の相違があること自体は，一概に不合理とまではいえない。 ⇒アルバイト職員の契約期間は更新があり得るとしても１年であるのが原則であり，当然に長期雇用が前提とされているわけではないことを勘案すると，私傷病による賃金支給につき１か月分，休職給の支給につき２か月分（合計３か月，雇用期間１年の４分の１）を下回る支給しかしないときは，不合理。	・教室事務員である正職員とアルバイト職員である第１審原告の職務の内容等をみると，職務の内容及び変更の範囲に一定の相違があった。 ・〔本文にある２つのその他の事情は省略〕。 ・このような職務の内容等に係る事情に加えて，アルバイト職員は，契約期間を１年以内とし，更新される場合はあるものの，長期雇用を前提とした勤務を予定しているものとはいい難いことにも照らせば，教室事務員であるアルバイト職員は，上記のように雇用を維持し確保することを前提とする制度の趣旨が直ちに妥当するものとはいえない。 ・第１審原告は，勤務開始後２年余りで欠勤扱いとなり，欠勤期間を含む在籍期間も３年余りにとどまり，その勤続期間が相当の長期間に及んでいたとはいい難く，第１審原告の有期労働契約が当然に更新され契約期間が継続する状況にあったことをうかがわせる事情も見当たらない。 ⇒不合理とはいえない。

4 メトロコマース事件

（1）事案の概要

本件は，駅構内の売店における販売業務に従事していた有期契約職員（契約期間1年で，平成16年から更新を繰り返す）と無期契約労働者（正社員）[6]との間での，退職金の支給の有無という相違が労働契約法20条にいう不合理と認められるものに当たるかが争われた事案です。

原審である東京高裁は，退職金には賃金の後払い，功労報償等の様々な性格があり，長期雇用を前提とする無期契約労働者に対し，福利厚生を手厚くし，有為な人材の確保・定着を図るなどの目的をもって退職金制度を設ける一方，短期雇用を前提とした有期契約労働者に対しこれを設けないという制度設計自体は，人事施策上一概に不合理であるとはいえないと判示しました。そして，契約社員B[7]（第1審原告）は契約期間が1年以内の有期契約労働者であり，賃金の後払いが予定されていないものの，他方，原則として有期契約が更新され，定年が65歳とされ，実際にも第1審原告らは長期間にわたって勤務していたことに加えて，契約社員Bと同じく売店業務に従事している契約社員Aは人事制度変更に伴い職種限定社員として無期契約労働者となるとともに退職金制度が設けられたことを考慮すれば，少なくとも長年の勤務に対する功労報償の性格を有する部分に係る退職金（正社員と同一の基準に基づいて算定した額の4分の1）に相当する額を支給しないことは不合理であると判示しています。

（2）退職金

ア　趣旨・性質・目的

本判決は，第1審被告における退職金の性質・目的について，退職金が本給に勤続年数に応じた支給月数を乗じた金額を支給するものとされているという点を前提として，

第1審被告の本社の各部署や事業本部が所管する事業所等に配置され，業務の必要により配置転換等を命ぜられることもあった。
退職金の算定基礎となる本給は，年齢によって定められる部分と職務遂行能力に応じた資格及び号俸により定められる職能給の性質を有する部分から成る。

との事情を挙げて，かかる退職金の支給要件や支給内容等に照らせば，退職金は，上記の職務遂行能力や責任の程度等を踏まえた労務の対価の後払いや継続的な勤務等に対する功労報償等の複合的な「性質」を有し，第1審被告は，正社員としての職務を遂行し得る人材の確保やその定着を図るなどの「目的」から，様々な部署等で継続的に就労することが期待される正社員に対し退職金を支給することとしたものと判示しました。

イ　職務の内容・変更の範囲

労働契約法20条に定める「職務の内容（責任の程度を含む）」及び「職務の内容・配置の変更の範囲」のいずれにも一定の相違

6　基本給については，正社員については，月給（年齢給と職能給）で，有期契約社員Bについては，時給とされていました。

7　有期契約労働者の類型として，契約社員Bと契約社員Bのキャリアアップの雇用形態として位置づけられる契約社員Aの2種類がありました（いずれも定年は65歳）。後者の契約社員Aは平成28年4月に無期契約労働契約の職種限定社員に変更されています。第1審原告らはいずれも契約社員Bでした。

があったとされました（**表３**）。[8]

ウ　労働契約法20条の「その他の事情」

「その他の事情」として，

① 売店業務に従事する正社員と他の多数の正社員とは，「職務の内容（責任の程度を含む）」及び「職務の内容・配置の変更の範囲」のいずれにも相違があったが，平成27年１月当時に売店業務に従事する正社員は，同12年の関連会社等の再編成により第１審被告に雇用されることとなった互助会の出身者と契約社員Ｂから正社員に登用された者が約半数ずつほぼ全体を占め，売店業務に従事する従業員の２割に満たないものとなっており，上記再編成の経緯やその職務経験等に照らし，賃金水準を変更したり，他の部署に配置転換等をしたりすることが困難な事情があった
⇒売店業務に従事する正社員が他の多数の正社員と「職務の内容（責任の程度を含む）」及び「職務の内容・配置の変更の範囲」を異にしていたことについては，第１審被告の組織再編等に起因する事情が存在した

② 第１審被告は，契約社員Ａ及び正社員へ段階的に職種を変更するための開かれた試験による登用制度を設け，相当数の契約社員Ｂや契約社員Ａをそれぞれ契約社員Ａや正社員に登用していた

という事情を，不合理性を減殺する事情として挙げています。

エ　不合理性についての判断

以上のもとで，本判決は，正社員に対する退職金が有する複合的な性質やこれを支給する目的を踏まえて，「職務の内容（責任の程度を含む）」（上記**イ**），「職務の内容・

表３

	【比較対象】 売店業務に従事する正社員	【第１審原告】 売店業務に従事する契約社員Ｂ
職務の内容に一定の相違がある	契約社員Ｂと業務の内容はおおむね共通するものの，正社員は，販売員が固定されている売店において，休暇や欠勤で不在の販売員に代わって早番や遅番の業務を行う代務業務を担当していたほか，複数の売店を統括し，売上向上のための指導，改善業務等の売店業務のサポートやトラブル処理，商品補充に関する業務等を行うエリアマネージャー業務に従事	売店業務に専従
職務の内容・配置の変更の範囲に一定の相違がある	業務の必要により配置転換等を命ぜられる現実の可能性があり，正当な理由なく，これを拒否することはできなかった	業務の場所の変更を命ぜられることはあっても，業務の内容に変更はなく，配置転換等を命ぜられることはなかった

8　第１審被告においては，全ての正社員が同一の雇用管理の区分に属するものとして同じ就業規則等により同一の労働条件の適用を受けていました。

配置の変更の範囲」（上記**イ**），「その他の事情」（上記**ウ**）を考慮すれば，以下を斟酌しても，不合理であるとはいえないとしました。

契約社員Bの有期労働契約が原則として更新するものとされ，定年が65歳と定められるなど，必ずしも短期雇用を前提としていたものとはいえない
第1審原告らがいずれも10年前後の勤続期間を有している

ここで留意しておくべき点は，林景一裁判官と林道晴裁判官の補足意見です。同補足意見は，職務の内容の違いを重視すべきことと，退職金の相違に関する不合理性の判断にあたっては使用者の裁量を重視すべきことを述べています。

すなわち，不合理性の判断にあたっては，条文の記載のとおり両者の「職務の内容等」等を考慮するとともに，当該労働条件の性質や目的を踏まえて検討すべきとしますが，原審が「職務の内容等」の相違を十分に考慮しなかったことを指摘しており，そのような記載からすれば，かかる要件を重視する見解なのではないかと思われます。そして，そのような観点のもと，同補足意見は，「有期契約労働者がある程度長期間雇用されることを想定して採用」されており，「職務の内容等が実質的に異ならない」ような場合には，不合理であると認められる可能性があると述べていることが注目されるところです。いずれにせよ，職能給の基本給体系をとっているからというだけで，正社員としての職務を遂行し得る人材の確保・定着を図る目的が認められるとして，当然に不合理性が否定されることにはならない可能性があることに十分に留意すべきものと考えます。

また，同補足意見は，退職金の相違に関する不合理性の判断に当たっては，退職金が有する複合的な性質やこれを支給する目的をも十分に踏まえる必要があるとしており，

退職金は，その支給の有無や支給方法等につき，労使交渉等を踏まえて，賃金体系全体を見据えた制度設計がされるのが通例であると考えられるところ，退職金制度を持続的に運用していくためには，その原資を長期間にわたって積み立てるなどして用意する必要がある

として，退職金制度の構築に関し，社会経済情勢や使用者の経営状況の動向等などの諸般の事情を踏まえて行われる使用者の裁量判断を尊重する余地は比較的大きいと結論付けています。使用者側として，退職金の相違について不合理かどうかが問題となった場合の視点として極めて参考になる見解といえます。

(3) 小　括

本判決においては，退職金の性質・目的について，正社員としての職務を遂行し得る人材の確保・定着を図る目的であるとして，有期契約社員との相違は不合理であるとはいえないとしたものです。

		東京地裁	東京高裁	最高裁
退職金	趣旨・性質・目的	・一般に退職金が賃金の後払い的性格のみならず功労報償的性格を有することに照らすと，企業が長期雇用を前提とした正社員に対する福利厚生を手厚くし，有為な人材の確保・定着を図るなどの目的をもって正社員に対する退職金制度を設け，短期雇	・一般に，退職金の法的性格については，賃金の後払い，功労報償など様々な性格があると解されるところ，このような性格を踏まえると，一般論として，長期雇用を前提とした無期契約労働者に対する福利厚生を手厚くし，有為な人材の確保・定着を図る	・正社員は，第1審被告の本社の各部署や事業本部が所管する事業所等に配置され，業務の必要により配置転換等を命ぜられることもあり，また，退職金の算定基礎となる本給は，年齢によって定められる部分と職務遂行能力に応じた資格及び号俸により

		用を原則とする有期契約労働者に対しては退職金制度を設けないという制度設計をすることは，人事施策上一定の合理性を有する。	などの目的をもって無期契約労働者に対しては退職金制度を設ける一方，本来的に短期雇用を前提とした有期契約労働者に対しては退職金制度を設けないという制度設計をすること自体が，人事施策上一概に不合理であるということはできない。	定められる職能給の性質を有する部分から成るものとされていた。 ・退職金は，職務遂行能力や責任の程度等を踏まえた労務の対価の後払いや継続的な勤務等に対する功労報償等の複合的な性質を有するものであり，第１審被告は，正社員としての職務を遂行し得る人材の確保やその定着を図るなどの目的から，様々な部署等で継続的に就労することが期待される正社員に対し退職金を支給することとしたもの。
	不合理な労働条件の相違にあたるか	・被告の正社員と契約社員Ｂとの間には職務の内容並びに職務の内容及び配置の変更の範囲に大きな相違があること，被告では契約社員Ｂのキャリアアップの制度として契約社員Ｂから契約社員Ａ及び契約社員Ａから正社員への登用制度が設けられ，実際にも契約社員Ｂから契約社員Ａへの一定の登用実績（５年間で28名）がある。 ⇒不合理でない。	・契約社員Ｂは，１年ごとに契約が更新される有期契約労働者であるから，賃金の後払いが予定されているということはできないが，他方で，有期労働契約は原則として更新され，定年が65歳と定められており，実際にも第１審原告らは定年まで10年前後の長期間にわたって勤務していた。 ・契約社員Ｂと同じく売店業務に従事している契約社員Ａは，職種限定社員に名称変更された際に無期契約労働者となるとともに，退職金制度が設けられた。 ⇒少なくとも長年の勤務に対する功労報償の性格を有する部分に係る退職金（正社員と同一の基準に基づいて算定した額の少なくとも４分の１）すら一切支給しないことは不合理。	・売店業務に従事する正社員と契約社員Ｂである第１審原告らのの業務の内容はおおむね共通するものの，両者の職務の内容に一定の相違があったことは否定できない。 ・両者の職務の内容及び配置の変更の範囲にも一定の相違があったことが否定できない。 ・第１審被告においては，全ての正社員が同一の雇用管理の区分に属するものとして同じ就業規則等により同一の労働条件の適用を受けていたが，売店業務に従事する正社員と，第１審被告の本社の各部署や事業所等に配置され配置転換等を命ぜられることがあった他の多数の正社員とは，職務の内容及び変更の範囲につき相違があった。 【本文にある２つの「その他の事情」は省略。】 ⇒第１審被告の正社員に対する退職金が有する複合的な性質やこれを支給する目的を踏まえて，売店業務に従事する正社員と契約社員Ｂの職務の内容等を考慮すれば，契約社員Ｂの有期労働契約が原則として更新するものとされ，定年が65歳と定められるなど，必ずしも短期雇用を前提としていたものとはいえず，第１審原告らがいずれも10年前後の勤続期間を有していることをしんしゃくしても，不合理といえない。

5　日本郵便事件（東京事件・大阪事件・佐賀事件）

（1）事案の概要

上記の３件の判決は，有期労働契約者として日本郵便株式会社において郵便外務事務（配達等の事務）に従事していた第１審原告らと無期雇用社員（正社員）との間での，

①　扶養手当の有無（大阪事件），
②　病気休暇についての有給・無給（東京事件），
③　夏期冬期休暇の有無（東京事件，大阪事件，佐賀事件），
④　年末年始勤務手当の有無（東京事件，大阪事件），年始期間の勤務に対する祝日給の有無（大阪事件）

という労働条件の相違が，労働契約法20条にいう不合理と認められるものに当たるかが争われた事案です。注意すべき点は，東京事件と佐賀事件では，第１審原告として，時給制契約社員だけだったのですが，大阪事件では，第１審原告として，時給制契約社員だけでなく，月給制契約社員も含まれている点です（以下では，大阪事件における両者を総称して，本件契約社員，といいます。）。

大阪高裁では，「①　扶養手当の有無」について，長期雇用を前提として基本給を補完する生活手当としての性質・趣旨を有

するものであるところ，本件契約社員が原則として短期雇用を前提とすることから不合理でないと判断しました。また，「④年末年始勤務手当の有無」について，同手当というものが，年末年始が最繁忙期という郵便事業の特殊性から，多くの労働者にとっての休日である年末年始の時期に業務に従事しなければならない正社員の労苦に報いる趣旨であるとしつつ，原則として短期雇用を前提として必要に応じた柔軟な労働力の補充・確保を目的とする本件契約社員においては，年末年始の期間に業務に従事することが当然の前提として採用されており，この点の相違は直ちに不合理とはいえないが，有期労働契約を反復して更新し，契約期間を通算した期間が長期間に及んだ場合には，相違を設ける根拠が薄弱となるとして，通算雇用期間が5年を超える本件契約社員との間では不合理と判断しました。「年始期間の勤務に対する祝日給」についても，長期雇用を前提とする正社員と，原則として短期雇用を前提とする（かつ，年始期間に勤務することを前提に採用されている）本件契約社員との間で，勤務日や休暇について異なる制度や運用を採用すること自体は一定の合理性があるなどと述べつつ，通算雇用期間が5年を超える本件契約社員との間では不合理と判断しました。

東京高裁では，「④年末年始勤務手当の有無」について，多くの労働者が休日として過ごしている年末年始の期間について業務に従事したことに対する対価として支払われるものであって，これを支給する趣旨は郵便の業務を担当する時給制契約社員にも妥当するとして，同じ年末年始の期間について業務に従事した時給制契約社員に対して全く支払わないのは不合理であるとし，「②病気休暇の有給・無給」については，労働者の健康保持のため，私傷病により勤務できなくなった場合に療養に専念させるための制度であるとして，有給無給の相違は不合理であるとしています。

福岡高裁（佐賀事件）では，「③夏期冬期休暇の有無」について，国民的な習慣や意識を背景とするものであるとして，休暇の相違は不合理と判断しています。

以上の高裁の判断に対して，今回の最高裁は，**表4**のとおりの判断をするに至りました。

このように，扶養手当については全面的に大阪高裁の判断を覆しましたが，それ以外の手当については，大阪高裁のような通算雇用期間が5年を超える契約社員との間では不合理というような技巧的な解釈をすることなく，②については，「相応に継続的な勤務が見込まれる」という条件を付し，③④については，無条件に不合理と判断したものです。以下では，それぞれの労働条件ごとに論じることとします。

（2）扶養手当（大阪事件）

ア　趣旨・性質・目的

本判決では，扶養手当について，正社員が長期にわたり継続して勤務することが期待されることから，その生活保障や福利厚生を図り，扶養親族のある者の生活設計等を容易にさせることを通じて，その継続的な雇用を確保するという「目的」によるものとし，かかる目的に照らせば，扶養親族があり，かつ相応に継続的な勤務が見込まれるのであれば，扶養手当を支給するとした趣旨は妥当すると判示しました。

イ　職務の内容・変更の範囲

この職務の内容・変更の範囲についての事実摘示ですが，同じ日本郵便の事件であるにもかかわらず，東京事件，大阪事件，

表4

	高　裁	最高裁
①　扶養手当の有無	不合理でない（大阪事件）	相応に継続的な勤務が見込まれるかぎり不合理
②　病気休暇についての有給・無給	不合理（東京事件）	相応に継続的な勤務が見込まれるかぎり不合理
③　夏期冬期休暇の有無	不合理（佐賀事件）[9]	不合理
④　年末年始勤務手当の有無／年始期間の勤務に対する祝日給	不合理（東京事件） 通算雇用期間が5年を超える本件契約社員にかぎり不合理（大阪事件）	不合理

佐賀事件の判決ごとに微妙に異なっています。ここでは，大阪事件だけでなく，東京事件及び佐賀事件についてもまとめて触れておきます（ただし，東京事件と佐賀事件では，第1審原告は時給契約社員だけでしたが，大阪事件では第1審原告は時給制契約社員と月給制契約社員の双方が問題となっているという違いがあります。ちなみに，郵便の業務を担当する時給制契約社員及び月給制契約社員をまとめて，本件契約社員と呼ぶこととします。）。

結論として，上記3判決では，無期契約である正社員と有期契約労働者との間での「職務の内容（責任の程度を含む）」及び「職務の内容・配置の変更の範囲」につき，**表5**，**表6**のとおり「相応の相違」があると判示しました。

ウ　労働契約法20条の「その他の事情」

正社員に登用される制度が設けられており，人事評価や勤続年数等に関する応募要件を満たす応募者について，適性試験や面接により選考されるという点がその他の事情として挙げられています。

エ　不合理性についての判断

上記のとおり，扶養手当について，正社員が長期にわたり継続して勤務することが期待されることから，その継続的な雇用を確保するという目的によるものとし，扶養親族があり，かつ，「相応に継続的な勤務が見込まれる」のであれば，扶養手当を支給することとした趣旨は妥当するとしました。そして，本件契約社員は，第1審原告らのように有期労働契約の更新を繰り返して勤務する者が存するなど，相応に継続的な勤務が見込まれているといえるとして，「職務の内容（責任の程度を含む）」及び「職務の内容・配置の変更の範囲」（上記**イ**）及び「その他の事情」（上記**ウ**）につき相応の相違があること等を考慮しても，不合理であると判示しました。

（3）病気休暇（東京事件）

ア　趣旨・性質・目的

本判決では，私傷病により勤務することができなくなった郵便の業務を担当する正社員に対して有給の病気休暇が与えられて

9　東京事件及び大阪事件も不合理であることを前提として判断をしています。

いるのは，上記正社員が長期にわたり継続して勤務することが期待されることから，その生活保障を図り，私傷病の療養に専念させることを通じて，その継続的な雇用を確保するという「目的」によるものとし，かかる目的に照らせば，時給制契約社員に

表5 東京事件と大阪事件における比較

比　較	郵便の業務を担当する正社員	郵便の業務を担当する時給制契約社員（及び月給制契約社員）
職務の内容／昇任・昇格	【旧一般職及び地域基幹職】 郵便外務事務，郵便内務事務等に幅広く従事。／昇任や昇格により役割や職責が大きく変動[10]。 【新一般職】 郵便外務事務，郵便内務事務等の標準的な業務に従事することが予定。／昇任や昇格が予定されず。	郵便外務事務及び郵便内務事務のうち，特定の業務のみに従事。正社員のように各事務について幅広く従事することは想定されていない。／昇任や昇格は予定されず。
人事評価	業務の実績だけでなく，部下の育成指導状況，組織全体に対する貢献等の項目によって業績が評価されるほか，自己研鑽，状況把握，論理的思考，チャレンジ志向等の項目によって正社員に求められる役割を発揮した行動が評価。	【時給制契約社員】 上司の指示や職場内のルールの遵守等の基本的事項に関する評価が行われるほか，担当する職務の広さやその習熟度について評価される。 【月給制契約社員】 業務を適切に遂行していたかなどの観点によって業績が評価されるほか，上司の指示の理解，上司への伝達等の基本的事項や他の期間雇用社員への助言等の観点により，月給制契約社員に求められる役割を発揮した行動が評価される。 ※　月給制と時給制の契約社員双方とも，正社員と異なり，組織全体に対する貢献によって業績が評価されることはない。
配　転	【旧一般職】 配転が予定されている。 【新一般職】 転居を伴わない範囲で人事異動が命ぜられる可能性がある。	職場及び職務内容を限定して採用されており，正社員のような人事異動は行われない（郵便局を移る場合には，個別の同意に基づき，従前の郵便局における雇用契約を終了させたうえで，新たな郵便局における勤務に関して雇用契約を締結し直す）。

10　平成26年３月31日以前は，正社員は，企画職群，一般職群及び技能職群に区分され，郵便局における郵便の業務を担当していたのは一般職群でした（旧一般職といいます）。平成26年４月１日以後は，正社員は，管理職，総合職，地域基幹職及び一般職の各コースに区分され，郵便局における郵便の業務を担当するのは，地域基幹職及び一般職でした（後者を新一般職といいます）。

表６　佐賀事件における比較（実質的には，東京事件や大阪事件と概ね同様の内容）

比　較	郵便の業務を担当する正社員（第１審原告が，制度変更前の平成25年12月に退社しているため，比較の対象は旧一般職だけとなります）	郵便の業務を担当する時給制契約社員
業務の内容／昇任・昇格	第１審原告らと同様の業務に従事する者があるが，正社員は業務上の必要性により配置転換や職種転換を命じられることがあり，多様な業務に従事している。正社員のうち一定程度の割合の者が課長代理，課長等の役職者となる。	郵便局等での一般的業務に従事する。担当業務に継続して従事し，郵便局を異にする人事異動が行われず，昇任や昇格が予定されていない。
人事評価	評価項目が多岐にわたり，組織全体への貢献を考慮した項目についても評価。	担当業務についての評価がなされるのみ。

ついても相応に継続的な勤務が見込まれるのであれば，有給の病気休暇を与えることとした趣旨は妥当すると判示しました。

イ　職務の内容・変更の範囲

（2）**イ**にあるとおりです。

ウ　労働契約法20条の「その他の事情」

（2）**ウ**のとおりです。

エ　不合理性についての判断

有給の病気休暇の目的について，上記**ア**のとおりとしたうえで，「相応に継続的な勤務が見込まれる」のであれば，有給の病気休暇を与えることとした趣旨は妥当するとしました。そして，時給制契約社員について，契約期間が6か月以内とされており，第１審原告らのように有期労働契約の更新を繰り返して勤務する者が存するなど，相応に継続的な勤務が見込まれているといえる[11]としたうえで，「職務の内容（責任の程度を含む）」（上記**イ**），「職務の内容・配置の変更の範囲（上記**イ**）」及び「その他の事情（上記**ウ**）」につき相応の相違があること等を考慮しても，不合理であるとしました。ここで留意すべきことは，判決文では「私傷病による病気休暇の日数につき相違を設けることはともかく」と述べられており，病気休暇の日数に相違を設けた場合には合理性が認められる余地があると述べている点です。

（4）夏期冬期休暇（東京事件，大阪事件，佐賀事件[12]）

ア　趣旨・性質・目的

佐賀事件においては，郵便の業務を担当する正社員に対して夏期冬期休暇が与えられているのは，年次有給休暇や病気休暇等とは別に，労働から離れる機会を与えるこ

11　大阪医科薬科大学事件の第１審原告は，フルタイムのアルバイト職員であり，
　①　契約期間を１年以内とし，更新される場合はあるものの，長期雇用を前提とした勤務を予定しているものとはいい難い
　②　勤務開始後２年余りで欠勤扱いとなり，欠勤期間を含む在籍期間も３年余りにとどまり，勤続期間が相当の長期間に及んでいたとはいい難い
　③　有期労働契約が当然に更新され契約期間が継続する状況にあったことをうかがわせる事情も見当たらない
という事情を挙げて，長期雇用が前提とされていなかったと判断しています。

とにより，心身の回復を図るという「目的」によるものであると判示しています。

イ　職務の内容・変更の範囲

（2）**イ**にあるとおりです。

ウ　労働契約法20条の「その他の事情」

特段述べられていません。

エ　不合理性についての判断

佐賀事件では，郵便の業務を担当する正社員と同業務を担当する時給制契約社員とを比較しており，夏期冬期休暇の目的を上記**ア**のとおりと解した上で，夏期冬期休暇の取得の可否や取得し得る日数は正社員の勤続期間の長さに応じて定まるものとはされておらず，また，郵便の業務を担当する時給制契約社員は，契約期間が6か月以内とされるなど，繁忙期に限定された短期間の勤務ではなく，業務の繁閑に関わらない勤務が見込まれているとして，夏期冬期休暇を与える趣旨は，時給制契約社員にも妥当するとしました。そして，「職務の内容（責任の程度を含む）」（上記**イ**）及び「職務の内容・配置の変更の範囲」（上記**イ**）及び「その他の事情」につき相応の相違があること等を考慮しても，不合理であると判示しました。

（5）年末年始勤務手当（東京事件，大阪事件）

ア　趣旨・性質・目的

東京事件と大阪事件では，年末年始勤務手当について，郵便の業務を担当する正社員の給与を構成する特殊勤務手当の一つであり，12月29日から翌年1月3日までの間において実際に勤務したときに支給されるものであることからすると，同業務についての最繁忙期であり，多くの労働者が休日として過ごしている上記の期間において，同業務に従事したことに対し，その勤務の特殊性から基本給に加えて支給される対価としての「性質」を有するものであるとしました。

イ　職務の内容・変更の範囲

（2）**イ**にあるとおりです。

ウ　労働契約法20条の「その他の事情」

（2）**ウ**のとおりです。

エ　不合理性についての判断

東京事件及び大阪事件では，年末年始勤務手当は，正社員が従事した業務の内容やその難度等に関わらず，所定の期間において実際に勤務したこと自体を支給要件とするものであり，その支給金額も，実際に勤務した時期と時間に応じて一律であるとして，上記**ア**のような性質や上記の支給要件・支給金額に照らせば，これを支給する趣旨は，郵便の業務を担当する有期契約社員にも妥当するとしました。そして，郵便の業務を担当する正社員と有期契約社員との間に，「職務の内容（責任の程度を含む）」（上記**イ**）及び「職務の内容・配置の変更の範囲」（上記**イ**）及び「その他の事情」（上記**ウ**）につき相応の相違があること等を考慮しても，不合理であると判示しました。

（6）年始期間の勤務に対する祝日給について（大阪事件）

ア　趣旨・性質・目的

被告の祝日給については，祝日のほか，年始期間の勤務に対して支給されるところ，大阪事件の最高裁では，年始期間の勤務に対する祝日給についてのみ争われまし

12　ただし，東京事件と大阪事件の最高裁判決では，夏期冬期休暇についての相違が不合理であるとした高裁判決を前提として，損害論についてのみ判断をしています。

た。本判決は，この年始期間の勤務に対する休日給について，年始期間において特別休暇が与えられることとされているにもかかわらず最繁忙期であるために年始期間に勤務したことについて，その代償として，通常の勤務に対する賃金に所定の割増しをしたものを支給することとされたものとして（そのため，特別休暇が付与されていない本件契約社員にはかかる支給はない），郵便の業務を担当する正社員と本件契約社員との間の祝日給等の有無は，上記特別休暇に係る労働条件の相違を反映したものであるとしました。

イ　職務の内容・変更の範囲

（２）**イ**にあるとおりです。

ウ　労働契約法20条の「その他の事情」

（２）**ウ**のとおりです。

エ　不合理性についての判断

本判決は，本件契約社員は，契約期間が６か月以内又は１年以内とされており，第１審原告らのように有期労働契約の更新を繰り返して勤務する者も存するなど，繁忙期に限定された短期間の勤務ではなく，業務の繁閑に関わらない勤務が見込まれているとして，最繁忙期における労働力の確保の観点から，本件契約社員に対して特別休暇を付与しないこと自体には理由があるということはできるものの，年始期間における勤務の代償として祝日給を支給する趣旨は，本件契約社員にも妥当するとしました。そして,「職務の内容（責任の程度を含む)」（上記**イ**）及び「職務の内容・配置の変更の範囲」(上記**イ**）及び「その他の事情」(上記**ウ**）につき相応の相違があること等を考慮しても，祝日給を正社員に支給する一方で本件契約社員にはこれに対応する祝日割増賃金を支給しないことは，不合理であると判示しました。

		地　裁	高　裁	最高裁
扶養手当（大阪）	趣旨・性質・目的	・扶養手当に係る歴史的経緯，その支給要件等に照らすと，扶養手当は，経済情勢の変動に対応して労働者及びその扶養親族の生活を保障するために，基本給を補完するものとして付与される生活保障給としての性質を有していたもの。	・扶養手当は，いわゆる家族手当に該当するところ，家族手当は，一般的に生活手当の一種とされており，長期雇用システム（いわゆる終身雇用制）と年功的賃金体系の下，家族構成や生活状況が変化し，それによって生活費の負担が増減することを前提として，会社が労働者のみならずその家族の生活費まで負担することで，有為な人材の獲得，定着を図り，長期にわたって会社に貢献してもらうという効果を期待して支給されるもの。 ・歴史的経緯や支給要件等からすれば，一審被告の扶養手当も，上記と同様に長期雇用を前提として基本給を補完する生活手当としての性質，趣旨を有する。	・正社員が長期にわたり継続して勤務することが期待されることから，その生活保障や福利厚生を図り，扶養親族のある者の生活設計等を容易にさせることを通じて，その継続的な雇用を確保するという目的によるもの。 ・このように，継続的な勤務が見込まれる労働者に扶養手当を支給するものとすることは，使用者の経営判断として尊重し得る。
	不合理な労働条件の相違にあたるか	・扶養手当は，その従事する勤務内容にかかわらず，扶養親族の有無及びその状況に着目して一定額を支給されるものであることからすると，職務の内容等の相違によってその支給の必要性の程度が大きく左右されるものではない。 ・扶養手当は，住居手当等と異なり，支給額の上限が設けられておらず，扶養親族の状況によっては，住居手当以上の差異が生じる可能性があるところ，同趣旨の手当等は本件契約社員には全く支給されていない上，基本給においてもこのような趣旨は含まれていない。 ・原告らは，勤務時間が４週間について１週平均40時間の勤務となっており，かつ，原告らについては扶養親	・本件契約社員は，原則として短期雇用を前提とし，必要に応じて柔軟に労働力を補充，確保するために雇用されたものであり，賃金も年功的賃金体系は採用されておらず，基本的には従事する業務の内容や就業の場所等に応じて定められているのであるから，長期雇用を前提とする基本給の補完といった扶養手当の性質及び支給の趣旨に沿わない。 ・本件契約社員についても家族構成や生活状況の変化によって生活費の負担増もあり得るが，基本的には転職等による収入増加で対応することが想定されている。 ⇒不合理でない。	・上記目的に照らせば，本件契約社員についても，扶養親族があり，かつ，相応に継続的な勤務が見込まれるのであれば，扶養手当を支給することとした趣旨は妥当する。 ・本件契約社員は，契約期間が６か月以内又は１年以内とされており，第１審原告らのように有期労働契約の更新を繰り返して勤務する者が存するなど，相応に継続的な勤務が見込まれている。 ⇒職務の内容や当該職務の内容及び配置の変更の範囲その他の事情につき相応の相違があること等を考慮しても，不合理。

		族がいると認められ，扶養親族の生活が原告らの給与に依存し，原告らが扶養親族の生計を維持していると推認することができることから，少なくとも原告らについては，正社員と同様の扶養家族に対する負担が生じている。 ⇒歴史的経緯等被告が挙げる事情を考慮したとしても，不合理。		
病気休暇（東京）	趣旨・性質・目的	・病気休暇は，労働者の健康保持のため，私傷病により勤務できなくなった場合に，療養に専念させるための制度。 ・正社員と時給制契約社員との間の職務の内容等に照らし，長期雇用を前提とした正社員に対し，有為な人材の確保，定着を図るため，有給の病気休暇を付与することには一定の合理的な理由があると解され，そのような事情のない時給制契約社員に対して同休暇を付与する場合，有給休暇を取得するための要件として正社員と異なった必要勤続期間を設定することや，取得可能日数について正社員と差異があることについては，その差異等の程度により，不合理であると認めることができない場合もあり得る。	・病気休暇は，労働者の健康保持のため，私傷病により勤務できなくなった場合に，療養に専念させるための制度。	・正社員が長期にわたり継続して勤務することが期待されることから，その生活保障を図り，私傷病の療養に専念させることを通じて，その継続的な雇用を確保するという目的による。 ・継続的な勤務が見込まれる労働者に私傷病による有給の病気休暇を与えるものとすることは，使用者の経営判断として尊重し得る。
	不合理な労働条件の相違にあたるか	・病気休暇が労働者の健康保持のための制度であることに照らせば，時給制契約社員に対しては，契約更新を重ねて全体としての勤務期間がどれだけ長期間になった場合であっても，有給の病気休暇が全く付与されないことは，職務の内容等の違い等に関する諸事情を考慮しても，合理的理由があるということはできない。 ⇒不合理。	・長期雇用を前提とした正社員に対し，日数の制限なく病気休暇を認めているのに対し，契約期間が限定され，短時間勤務の者も含まれる時給制契約社員に対し病気休暇を1年度において10日の範囲内で認めている労働条件の相違は，その日数の点においては，不合理であると評価することができるものとはいえない。 ⇒正社員に対し私傷病の場合は有給（一定期間を超える期間については，基本給の月額及び調整手当を半減して支給）とし，時給制契約社員に対し私傷病の場合も無給としている労働条件の相違は，不合理。	・上記目的に照らせば，郵便の業務を担当する時給制契約社員についても，相応に継続的な勤務が見込まれるのであれば，私傷病による有給の病気休暇を与えることとした趣旨は妥当する。 ・時給制契約社員は，契約期間が6か月以内とされており，第1審原告らのように有期労働契約の更新を繰り返して勤務する者が存するなど，相応に継続的な勤務が見込まれている。 ⇒職務の内容や当該職務の内容及び配置の変更の範囲その他の事情につき相応の相違があること等を考慮しても，私傷病による病気休暇の日数につき相違を設けることはともかく，これを有給とするか無給とするかにつき労働条件の相違があることは，不合理。
夏期冬期休暇（東京，大阪，佐賀）	趣旨・性質・目的	（佐賀地裁） ・長期雇用を前提とする正社員に対して定年までの長期にわたり会社へ貢献することのインセンティブを付与することにより無期契約労働者としての長期的な勤続を確保しているもの。	（福岡高裁） ・夏期については古くから祖先を祀るお盆の行事，冬期については年末から正月三が日にかけての行事があり，それに合わせて帰省をするといった国民的な習慣や意識を背景にする。	・年次有給休暇や病気休暇等とは別に，労働から離れる機会を与えることにより，心身の回復を図るという目的によるもの。
	不合理な労働条件の相違にあたるか	（佐賀地裁） ⇒不合理ではない。	（福岡高裁） ⇒夏期及び冬期休暇が，主としてお盆や年末年始の慣習を背景にしたものであることに照らすと，かかる休暇が正社員に対し定年までの長期にわたり会社に貢献することへのインセンティブを与えるという面を有しているとしても，そのような時期に同様に就労している正社員と時給制契約社員との間で休暇の有無に相違があることについて，その職務内容等の違いを理由にその相違を説明することはできず，制度として時給制契約社員にこれが全く付与されないことについては，不合理な相違である。 ⇒時給制契約社員は，正社員と異なり当該期間が当然に勤務日となっているわけではなく，勤務日と指定されたとしても，当該期間中にその全てが正社員と同程度の日数の勤務に従事するとは限らないが，上記のとおりの休暇が設けられた趣旨を踏まえれば，正社員の夏期特別休暇に在籍日要件が設けられているように，当該期間中の実際の勤務の有無や，平均的な勤務日数などの要件を付加した上で，時給制契約社員に対し，正社員に比して一定割合の日数を付与するという方法も考えられるところ	・夏期冬期休暇の取得の可否や取得し得る日数は上記正社員の勤続期間の長さに応じて定まるものとはされていない。 ・郵便の業務を担当する時給制契約社員は，契約期間が6か月以内とされるなど，繁忙期に限定された短期間の勤務ではなく，業務の繁閑に関わらない勤務が見込まれているのであって，夏期冬期休暇を与える趣旨は，上記時給制契約社員にも妥当する。 ⇒職務の内容や当該職務の内容及び配置の変更の範囲その他の事情につき相応の相違があること等を考慮しても，不合理。

			であって，当該期間中に実際に勤務したにもかかわらず，正社員と異なりおよそ特別休暇が得られないというのはやはり不合理な相違といわざるを得ない。	
年末年始勤務手当（東京，大阪）	趣旨・性質・目的	（東京） ・多くの労働者が年末年始の上記期間を休日として過ごしているのに対し，被告においては，年賀状の準備及び配達等の期間として，年間を通じて最繁忙時期となっており，その時期に実際に勤務した正社員に対し，通常の労働の対価としての基本給等に加えて，多くの国民が休日の中で最繁忙時期の労働に従事したことに対する対価として支払われるもの。	（東京） ・左記東京地裁判決に同じ。	・年末年始勤務手当は，郵便の業務を担当する正社員の給与を構成する特殊勤務手当の一つであり，12月29日から翌年１月３日までの間において実際に勤務したときに支給されるものであることからすると，同業務についての最繁忙期であり，多くの労働者が休日として過ごしている上記の期間において，同業務に従事したことに対し，その勤務の特殊性から基本給に加えて支給される対価としての性質を有するもの。
		（大阪） ・年末年始勤務手当は，12月29日から翌年１月３日までの期間に実際に勤務した正社員に対して，多くの労働者が休日として過ごしている時期に繁忙業務に従事したこと，すなわち特定の繁忙期である年末年始に業務に従事したことに着目して支給される性質を有しており，これが同手当の本質的な性質である。	（大阪） ・年末年始勤務手当は，年末年始が最繁忙期になるという郵便事業の特殊性から，多くの労働者が休日として過ごしているはずの年末年始の時期に業務に従事しなければならない正社員の労苦に報いる趣旨で支給されるもの。	
	不合理な労働条件の相違にあたるか	（東京） ・年末年始の期間における労働の対価として一律額を基本給とは別枠で支払うという年末年始勤務手当の性格等に照らせば，長期雇用を前提とした正社員に対してのみ，年末年始という最繁忙時期の勤務の労働に対する対価として特別の手当を支払い，同じ年末年始の期間に労働に従事した時給性契約社員に対し，当該手当を全く支払わないことに合理的理由があるということはできない。 ・もっとも，年末年始勤務手当は，正社員に対する関係では，定年までの長期間にわたり年末年始に家族等と一緒に過ごすことができないことについて長期雇用への動機付けという意味がないとはいえないことから，正社員のように長期間の雇用が制度上予定されていない時給制契約社員に対する手当の額が，正社員と同額でなければ不合理であるとまではいえない。 ⇒手当が全く支払われないのは不合理。	（東京） ・時給制契約社員の契約期間は６か月以内であるが，その多くは６か月であって，更新もされることからすれば，時給制契約社員が，年末年始の期間に必要な労働力を補充・確保するための臨時的な労働力であるとは認められない。時給制契約社員に年末年始勤務手当の趣旨が妥当しないとはいえない。 ⇒年末年始の期間における労働の対価として一律額を基本給とは別枠で支払うという年末年始勤務手当の性格等に照らせば，長期雇用を前提とした正社員に対してのみ，年末年始という最繁忙時期の勤務の労働に対する対価として特別の手当を支払い，同じ年末年始の期間に労働に従事した時給制契約社員に対し，当該手当を支払わないことは不合理。	・年末年始勤務手当は，正社員が従事した業務の内容やその難度等に関わらず，所定の期間において実際に勤務したこと自体を支給要件とするものであり，その支給金額も，実際に勤務した時期と時間に応じて一律である。 ・上記のような年末年始勤務手当の性質や支給要件及び支給金額に照らせば，これを支給することとした趣旨は，本件契約社員にも妥当する。 ⇒職務の内容や当該職務の内容及び配置の変更の範囲その他の事情につき相応の相違があること等を考慮しても，不合理。
年末年始勤務手当（東京，大阪）	不合理な労働条件の相違にあたるか	（大阪） ・年末年始勤務手当の上記性質に照らすと，かかる特定の繁忙期に業務に従事したという趣旨は同じく年末年始の時期に就労した本件契約社員にも妥当する（個別の集配業務については，正社員と本件契約社員との間で業務内容に顕著な相違があるとはいえない）。 ⇒本件の諸事情に，同手当の額をも併せ勘案すると，被告が主張するような正社員の待遇を手厚くすることで有為な人材の長期的確保を図るという事情にも相応の合理性があること（ただし，年末年始勤務手当性があること（ただし，年末年始勤務手当の性があること（ただし，年末年始勤務手当の支給の趣旨目的の中ではあくまで補助的なものに止まる）や，被告における各労働条件が労使協議を経て設定されたという事情を踏まえたとしても，不合理。	（大阪） ・年末年始が最繁忙期になり，その時期に業務に従事しなければならないこと自体は，正社員のみならず本件契約社員においても同様といえる。 ・しかしながら，他方で，本件契約社員は，①原則として短期雇用を前提とし，各郵便局において，その必要に応じて柔軟に労働力を補充・確保することを目的の一つとして設けられている雇用区分であり，その募集は，各郵便局の判断により，当該郵便局における業務量等の状況に応じて随時行われ，年末年始の期間は休日とされておらず，同期間に（むしろ，同期間こそ）業務に従事することを当然の前提として採用されている，②契約期間は，時給制契約社員については６か月以内，月給制契約社員については１年以内とされており，実際にも，時給制契約社員の従業員数は，毎年，年末年始の期間に向けて11月，12月が多くなっていること，③時給制契約社員の退職者の５割以上が１年以内，７割以上が３年以内での退職という統計結果があること。 ・正社員の待遇を手厚くすることで有為な人材の長期的確保を図る必要があるとの事情や第１審被告における各労働条件が労使協定を経て設定されたという事情がある。 ⇒直ちに不合理なものと評価すること	

			は相当ではない。 ・もっとも，本件契約社員にあっても，有期労働契約を反復して更新し，契約期間を通算した期間が長期間に及んだ場合には，年末年始勤務手当を支給する趣旨・目的との関係で本件比較対象正社員と本件契約社員との間に相違を設ける根拠は薄弱なものとならざるを得ないから，このような場合にも本件契約社員には本件比較対象正社員に対して支給される年末年始勤務手当を一切支給しないという労働条件の相違は，職務内容等の相違や導入時の経過，その他第1審被告における上記事情などを十分に考慮したとしても，不合理と認められる。 ⇒有期労働契約を反復して更新し，契約期間を通算した期間が既に5年を超えている本件契約社員については，年末年始勤務手当について上記のような相違を設けることは，不合理。	
年始期間の勤務に対する祝日給（大阪）	**趣旨・性質・目的**	・この相違は，正社員には，年始休暇が与えられており，その取得ができなかった場合にはかつて代替休暇制度が存在し，これが廃止されたのに対して，本件契約社員にはそもそも年始休暇が存在しないことによるものである。	・正社員は，年始期間について特別休暇が与えられており，かつては代替休暇も認められていたのに対し，本件契約社員（時給制・月給制契約社員）にはこのような特別休暇がなかったものであり，年始期間の勤務に対する祝日給と祝日割増賃金の支給の有無に関する相違は，上記特別休暇についての相違を反映したもの。	・第1審被告における祝日給は，祝日のほか，年始期間の勤務に対しても支給されるものである。年始期間については，郵便の業務を担当する正社員に対して特別休暇が与えられており，これは，多くの労働者にとって年始期間が休日とされているという慣行に沿った休暇を設けるという目的によるもの。 ・これに対し，本件契約社員に対しては，年始期間についての特別休暇は与えられず，年始期間の勤務に対しても，正社員に支給される祝日給に対応する祝日割増賃金は支給されない。 ・年始期間の勤務に対する祝日給は，特別休暇が与えられることとされているにもかかわらず最繁忙期であるために年始期間に勤務したことについて，その代償として，通常の勤務に対する賃金に所定の割増しをしたものを支給することとされたものと解され，郵便の業務を担当する正社員と本件契約社員との間の祝日給及びこれに対応する祝日割増賃金に係る労働条件の相違は，特別休暇に係る労働条件の相違を反映したもの。
	不合理な労働条件の相違にあたるか	・業務分担及び人員配置の必要性等に応じて長期雇用を前提とする正社員と原則として短期雇用を前提とする本件契約社員との間で，勤務日や休暇について異なる制度や運用を採用することは，企業の人事上の施策として一定の合理性があるのであって，特に，上記したとおり，年末年始が最繁忙期であるという被告の業務の特殊性を踏まえると，正社員に対して年始休暇が与えられているとしても，原則として短期雇用を前提とする期間雇用社員の採用に当たって，年始期間も業務に従事することを当然の前提とすることには合理的理由がある。 ・取扱いの相違は，特定の期間についてそもそも労働義務が課されている者であるか否か，仮にそのような義務がない場合に，業務に従事した社員と従事しなかった社員との間の処遇の均衡を図る必要があるか否かによるものであって，一定の合理性を有している。 ⇒不合理ではない。	・長期雇用を前提とする正社員と，原則として短期雇用であり，かつ，第一審被告の業務の特殊性から，最繁忙期である年始期間に勤務することを前提に採用されている本件契約社員との間で，勤務日や休暇について異なる制度や運用を採用すること自体は，企業の人事上の施策として一定の合理性がある。 ⇒年始期間の特別休暇についての相違が存在することは，直ちに不合理と認められるものに当たらないから，これを反映した祝日給と祝日割増賃金との相違も不合理と認められるものには当たらない。 ⇒もっとも，年末年始勤務手当の項で説示したことは，年始期間の祝日給又は祝日割増賃金の支給の有無にも当てはまるから，有期労働契約を反復して更新し，契約期間を通算した期間が既に5年を超えている者については，年始期間に勤務した場合の祝日給又は祝日割増賃金の支給の有無に相違を設けることは，不合理。	・本件契約社員は，契約期間が6か月以内又は1年以内とされており，第1審原告らのように有期労働契約の更新を繰り返して勤務する者も存するなど，繁忙期に限定された短期間の勤務ではなく，業務の繁閑に関わらない勤務が見込まれている。 ・最繁忙期における労働力の確保の観点から，本件契約社員に対して特別休暇を付与しないこと自体には理由があるということはできるものの，年始期間における勤務の代償として祝日給を支給する趣旨は，本件契約社員にも妥当する。 ⇒職務の内容や当該職務の内容及び配置の変更の範囲その他の事情につき相応の相違があること等を考慮しても，不合理。

6　５つの最高裁判決を通じての分析

（１）労働契約法20条とパート有期法８条の関係について

今回の判決はあくまでも労働契約法20条に関するもので，現在では，同様の規定はパート有期法８条に規定されています。そこで，今回の労働契約法20条に対する判断がパート有期法８条の解釈にどのように影響するのでしょうか。まず，労働契約法20条からパート有期法８条に変わったことによって，条文の記載においてどのような修正が加わったのかを見てみます。

労働契約法20条の条文とパート有期法８条の条文を比較すると以下のとおりになります。

【労働契約法20条】
有期労働契約を締結している労働者の労働契約の内容である労働条件が，期間の定めがあることにより同一の使用者と期間の定めのない労働契約を締結している労働者の場合においては，当該労働条件の相違は，労働者の業務の内容及び当該業務に伴う責任の程度（以下この条において「職務の内容」という。），当該職務の内容及び配置の変更の範囲その他の事情を考慮して，不合理と認められるものであってはならない。

【パート有期法８条】
その雇用する短時間・有期雇用労働者の基本給，賞与その他の待遇のそれぞれについて，当該待遇に対応する通常の労働者の待遇との間において，当該短時間・有期雇用労働者及び通常の労働者の業務の内容及び当該業務に伴う責任の程度（以下「職務の内容」という。），当該職務の内容及び配置の変更の範囲その他の事情のうち，当該待遇の性質及び当該待遇を行う目的に照らして適切と認められるものを考慮して，不合理と認められる相違を設けてはならない。

パート有期法への変更によって，「待遇のそれぞれについて」比較するという内容が付加されましたが，既に労働契約法20条についての最高裁判例でも原則として個別の労働条件ないし待遇ごとに判断するとされており，かかる修正が従前の判例の判断に影響を与えることはないものと解されます。さらに，不合理性の判断要素に関しても，労働契約法20条では，「職務の内容，当該職務の内容及び配置の変更の範囲その他の事情」とされていたところ，パート有期法８条では，「職務の内容，当該職務の内容及び配置の変更の範囲その他の事情のうち，当該待遇の性質及び当該待遇を行う目的に照らして適切と認められるもの」と変更になりました。しかしながら，この点についても，労働契約法20条についての最高裁判例は，問題とされる労働条件の性質・目的を踏まえて労働契約法20条所定の諸事情を考慮すると判断していますから，この点からも従前の判例の判断に影響を与えることはないものと考えられます。

また，パート有期法15条１項は，事業主が講ずべき雇用管理の改善等に関する措置等に関して，指針を定めるとしており，かかる定めに基づいて「短時間・有期雇用労働者及び派遣労働者に対する不合理な待遇の禁止等に関する指針」（以下「同一労働同一賃金指針」といいます。）が定められています。通常であれば，法律の解釈にあたって，法律に基づく指針の記載事項が拘束力を持つことはありえないはずですが，今回の同一労働同一賃金指針の策定経緯には特殊な背景事情があります。すなわち，労政審の建議によると，「不合理な待遇差の実効ある是正のため，令和元年末に政府が提示した「同一労働同一賃金ガイドライン（案）」[13]（引用者注：同一労働同一賃金指針と概ね同様の内容）について，関係者の意見や改正法案についての国会審議を踏まえ，当部会で審議し，最終的に確定していくとともに，確定したガイドラインの実効性を担保するため，労働者が司法判断による救済を求める際の根拠となる規定の整備，(略) など，以下に示す法改正を行う」とされており，パート有期法の策定過程では，既に存在していた同一労働同一賃金ガイドラインの内容が考慮されていたという点です。そのような観点からは，同一労働同一賃金指針の記載内容が，パート有期法８条の解釈に影響し，今後今回の最高裁の判決とは異なる内容の判決がなされる可能性があるのではないかという点が一応問題となりえます。

しかしながら，既に述べたように，法解釈の原則からいえば，法律に基づく指針の内容如何が最高裁判例と異なる法律解釈をもたらすほどの影響を持つと解することは，解釈の順序として逆であって認められるものではありません[14]。また，同一労働同一賃金指針については，あくまでも基本給などの理念型としての職能給か，成果給か，勤続給か，職務給かを論じているだけであって，現実の基本給はそれらの要素が密接不可分に結びついており分解することが困難であるばかりか，さらに，同一労働同一賃金指針の「第２　基本的な考え方」においても，「事業主が，第３から第５までに記載された原則となる考え方等に反した場合，当該待遇の相違が不合理と認められる等の可能性がある」という程度の記載しかなされていないことなどの事情からすれば，その記載がパート有期法８条に関する裁判所の判断に影響を及ぼすとしても参考程度にすぎないのではないかと考えられ，パート有期法への変更に伴い裁判所の判断に大きな影響を与えることはないものと考えます。

(2) 正社員としての職務を遂行し得る人材の確保・定着を図る目的

メトロコマースの東京高裁判決は，退職金についての判断において，「長期雇用を前提とした無期契約労働者に対して，福利厚生を手厚くし，有為な人材の確保・定着を図るなどの目的をもって退職金制度を設ける一方，本来的に短期雇用を前提とした有期契約労働者に対してはこれを設けないという制度設計自体は，人事施策上一概に

13　この同一労働同一賃金ガイドライン（案）の策定経緯が極めて異例であることについては，「このガイドライン案は法律の委任をもとに作成されたものでもなければ，労使で合意に至った結果でもない。労使が出席する会議の席上で，政府の提案として提示された文書にすぎない。法的根拠をもたないという欠缺は，実行計画において「ガイドライン案の実効性を担保するため，裁判（司法判断）で救済が受けることができるよう，その根拠を整備する法改正を行う」として，これまた異例の追完計画が示されている。」（神吉知郁子「労働法における正規・非正規「格差」とその「救済」－パートタイム労働法と労働契約法20条の解釈を素材に」日本労働研究雑誌 690号68頁）と指摘されていました。

14　また，同一労働同一賃金ガイドライン（案）の内容についても，同ガイドライン（案）では，「個別の給付（待遇）ごとに，その趣旨・性格による要因分解をし，均衡・均等待遇を振り分け，不合理性を判断するという手法を採用した」ものとしつつ，（待遇の目的や性質の認定方法が不明である以上，）「趣旨を単純に説明できない待遇の格差を事後的に是正する基準として有効に機能するとは考えにくい」，「現実には前提条件に何らかの違いがあるケースが圧倒的多数を占めることになろうが，その場合（中略）「相違に応じた支給」といえるか（中略）の判断方法については，（引用者注：同ガイドライン（案）の）具体例を加味しても手がかりは得られない」（神吉・前掲注1，68頁）との指摘がなされていました。また，今回の５つの最高裁判例をみるかぎり，最高裁はこのような要因分解の議論を採用していないものと考えられます。

不合理であるとはいえない」と判断しており，かかる判断が最高裁でも維持されるかどうかが注目されていました。そして，今回のメトロコマース事件及び大阪医科薬科大学事件は，正社員としての職務を遂行し得る人材の確保・定着という目的を待遇の相違を合理化する事情として正面から認めるに至りました。

メトロコマース事件（退職金）	正社員としての職務を遂行し得る人材の確保やその定着を図るなどの目的から，様々な部署等で継続的に就労することが期待される正社員に対し退職金を支給
大阪医科薬科大学事件（賞与）	正職員としての職務を遂行し得る人材の確保やその定着を図るなどの目的から，正職員に対して賞与を支給

我が国の労働市場においてはまさしく上記のような目的から正社員を厚遇してきているわけですから，そのような判断には一定の合理性のあったことが明らかであって，最高裁がそのような我が国の労働市場の特質を素直に認識したならば，このような判断に至ったことは当然のことだったはずです。

しかしながら，他方，パート有期法が，無期（正社員）と有期との均等均衡原則を定めているところ，「正社員としての職務を遂行し得る人材の確保･定着という目的」を全面に押し出すことが認められれば，正社員であるということだけで待遇の相違が正当化されてしまうおそれがあり，その結果として均等均衡原則が適用される局面が極めて限定されるのではないかという懸念が生じるところです。そこで，今回の最高裁判決においては，上述したパート有期法の均等均衡原則と我が国の労働市場の固有事情という相矛盾する要請をどのように調整するのかが問われていたといえるでしょう。

この点，最高裁は，各労働条件の目的を厳格に解釈し，「正社員としての職務を遂行し得る人材の確保・定着という目的」を認めることに対して極めて謙抑的なスタンスをとりました。認定にあたって挙げられている具体的根拠は以下のとおりです。

メトロコマース事件	正社員は業務の必要により配置転換等を命ぜられることもあり，かつ，「年齢によって定まる部分」，「職務遂行能力に応じた資格及び号棒により定められる職能給の性質を有する部分」に分かれる本給に，勤続年数に応じた支給月数を乗じて退職金が導かれているとして，退職金には職務遂行能力や責任の程度等を踏まえた労務の対価の後払いや継続的勤務等に対する功労報償等の複合的性格がある
大阪医科薬科大学事件	賞与が基本給×月数となっており，その支給実績からすれば，業績連動ではなく，算定期間の労務の対価の後払いや一律の功労報償や将来労働意欲の向上等の趣旨を含むものと認められ，算定基礎となる基本給は，勤続年数に伴う職務遂行能力の向上に応じた職能給の性質を有するとともに，概ね，（有期契約社員と異なり）業務の内容の難度や責任の程度が高く，人材の育成や活用を目的とした人事異動が行われてきたとして，このような正職員の賃金体系や求められる職務遂行能力及び責任の程度等に照らして賞与の目的を考えるべき

以上のような記載をみると，使用者側の主観的な意図だけではなく，退職金・賞与の支給実績やその内訳（算定の基礎となる基本給がどのような性質のものか）やそのような給与体系等の性質に応じた人材活用等の実態があるのかどうか，などの客観的な事情に基づいて，結論を導いていると思われます（言い換えると，正社員としての職務を遂行し得る人材の確保・定着という

目的に適合的なのか，という点を考慮して判断がなされているといえるでしょう）。また，注意すべき点は，問題となる労働条件の目的が，単に継続的雇用を確保するというだけのものであれば，「正社員としての職務を遂行し得る人材の確保・定着という目的」とまでは認められないという点です。具体的にいえば，日本郵便の大阪事件で争われた扶養手当などは，確かに，継続的雇用を確保する目的を認定しましたが（これだけの目的ですと，正社員のみに妥当することにはなりません），「正社員としての職務を遂行し得る人材の確保・定着という目的」までは認めていません。

（3）不合理性の判断要素としての「その他の事情」

また，大阪医科薬科大学事件とメトロコマース事件では，不合理性の判断要素として以下の2点を挙げていることが注目されるところです。

まず，1点目は，比較の対象となる正職員についての特殊事情を勘案していることです。大阪医科薬科大学事件では，教室事務員である正職員との比較を行っていますが，定型的で簡便な作業等であった教室事務員の業務を正職員からアルバイト職員に順次置き換えを行ってきた結果として，教室事務員である正職員が極めて少数となっていたとして，比較対象である正職員においてそれ以外の他の大多数の正職員と職務の内容等を異にするに至ったことについては，特殊事情ないし過去の経緯があることを挙げています。メトロコマース事件でも，比較の対象となる売店業務に従事する正社員について，その他の多数の正社員と職務の内容等において相違があるのは，これらの売店業務に従事する正社員が，関連会社等の再編成により第1審被告に雇用されることとなった互助会の出身者と契約社員Bから正社員に登用された者が約半数ずつほぼ全体を占め，賃金水準を変更したり配置転換等をしたりすることが困難であったという特殊事情ないし過去の経緯を挙げています。

このように比較の対象となる正社員を狭く設定した場合においても，かかる比較の対象となる正社員において他の多数の正社員と職務の内容等を異にすることについて（その結果として，比較の対象となる正社員の職務の内容等が第1審原告側のそれらに近接する結果となる），それなりの特殊事情や過去の経緯があれば，不合理性を否定する事情として勘案すべきものと述べているものと考えられます[15]。

次に，2点目として，大阪医科薬科大学事件とメトロコマース事件の双方とも，契約社員及び正社員へ段階的に職種を変更するための試験による登用制度が設けられ，相当数の登用実績がある事情が，不合理性を否定する事情として勘案すべきものと述べられています。このような身分の固定化を避けるための正社員登用制度の有用性については，過去の下級審判例のいくつかでも指摘されていたところですが，この度最高裁として正面から認めたものであり，各企業として是非とも導入を検討すべきものといえます。

15　このような考え方に基づけば，使用者側が，多様な働き方とのスローガンのもとで，正社員の種別を細分化したような場合（限定正社員や地域限定正社員など）には，あくまでも使用者側が意図した結果に基づくものといえますので，不合理性を否定する事情にはなりにくいものと考えられます。

（4）比較対象の範囲について

今回の５つの最高裁判決における比較の対象は以下のとおりでした。

大阪医科薬科大学事件	正職員の教室事務員
メトロコマース事件	売店業務に従事する正社員
日本郵便事件	旧制度のもとでは旧一般職，新制度のもとでは新一般職・地域基幹職

しかしながら，既に述べたように，労働者側が比較の対象を設定できるとすると，労働者側としては自らに有利にできるかぎり狭く設定しようと試みると思われますが，その点については限界があるのでしょうか。

この点については，極論すれば，労働者側が特定個人を比較の対象として設定してくることも考えられ，論理的にいえばそのような設定も許容される余地があります。しかしながら，労働条件の相違が不合理かどうかにあたって，当該個人の固有事情（当該個人の固有事情であっても，期間の定めの有無に関連して生じたものもあり得るかもしれませんが，あまり考えにくいのではないでしょうか。）は，原則捨象する必要があるはずですから，原則として個人の固有事情を捨象した比較を行わざるを得ないため，事実上の一定の限界はあるはずといえます。また，このように，労働者側が比較の対象を設定することを認めるにしても，上記**（3）**で述べたように，最高裁は，「その他の事情」をかなり広く考えていくことによって調整を図るという考え方に立っているものと解されます。

7　企業実務への影響

（1）賞与・退職金について

今回のメトロコマース事件及び大阪医科薬科大学事件の最高裁判決をみると，一定の条件のもと，有期契約労働者などに対して，賞与や退職金を支払わないことを許容しているものと解されますが，かかる判決の射程範囲をどのように考えるべきでしょうか。今回の最高裁判決において，

「職務の内容（責任の程度を含む）」及び「職務の内容・配置の変更の範囲」に相違があること
正職員としての職務を遂行しうる人材の確保・定着という目的に合致した労働条件

の２点が結論を分かつポイントとなっているものと解されます。

そのため，「職務の内容（責任の程度を含む）」及び「職務の内容・配置の変更の範囲」（以下まとめて「職務の内容等」という）に相違が認められない場合には，賞与や退職金を支払わないことは認められない可能性が高いものと解されます。この点，メトロコマース事件の補足意見も，「有期契約労働者がある程度長期間雇用されることを想定して採用」されており，「職務の内容等が実質的に異ならない」ような場合には，不合理性を認められる可能性があると述べているところです。

よって，有期契約労働者に対して，賞与や退職金を支払わないことが許容される前提としては，正職員と有期契約労働者との間で

①	業務の範囲を明確に区別する（単純作業か経験等が必要となる作業かなど）

②	責任の程度を明確に区別する
③	職務の内容・配置の変更の範囲を明確に区別する（業務の変更を行うか，配置転換や転勤を行うかなど）

といった対応が必要になるものと考えられます。また，上記①②③という観点からは，正社員と有期契約労働者との間の線引きをより一層明確にするべきであり，位置づけが曖昧な労働者についてはどちらかの方向に寄せていくことが不可欠となります（例えば，正社員と同様の業務を行っている有期契約労働者については積極的に正社員として登用し，正社員であるが単純作業しか行っていない者については有期契約社員への変更を行うなど）。そのため，既に述べたように，多様な働き方の観点から正社員の種別を複線化しているような企業については，そのような結果として，有期契約労働者との線引きが曖昧となりますから，そのようなマイナス面は十分に考慮する必要があります。

次に，正社員としての職務を遂行しうる人材の確保・定着という目的に合致した労働条件という要件が問題となります。メトロコマース事件及び大阪医科薬科大学事件の最高裁判決は，あくまでも退職金・賞与の算定基礎となる正社員の基本給の賃金体系（職能給をベースとしていること）などの事情からその点を認定していますから，退職金，賞与の算定基礎が基本給とされているという事情に加えて，正社員の賃金体系が職能給をベースとしていることを前提とした事例判断と考えてよいと思われます。

そうすると，基本給の賃金体系が職能給（能力又は経験に応じて支給）であれば，原則として問題なさそうですが，かかる職能給の賃金体系が実質を伴っているかどうかはチェックの必要があります。職能給という名称が付されていても，昇格にあたって能力又は経験のチェックがなされておらず，事実上勤続年数に応じて運用されているような場合には，実質的に職能給とはいえないと判断されるおそれがあります。

また，職能給以外の給与体系の場合については別に考えられ，例えば正社員の基本給の賃金体系が「勤続年数に応じて支給」される場合には，正社員としての職務を遂行し得る人材の確保・定着という目的にとって適合的とは言い難いと解され，それ以外の合理性を補強する事由を検討する必要があると考えられます。次に，基本給の給与体系が「業績又は成果に応じて支給」される場合や「職務給」の場合です。かかる給与体系の場合に，いかなる前提・条件が満たされれば，不合理と認められなくなる余地があるのかは不明で，今後の判例の集積が待たれるところです。

よって，有期契約労働者に対して，退職金又は賞与を支給しないとした場合には，現時点での企業側としての安全策での対応として，「職務の内容」及び「職務の内容・配置の変更の範囲」を明確に区分するとともに，職能給を算定基礎とした賞与や退職金のような「正職員としての職務を遂行しうる人材の確保・定着という目的に合致した待遇」を採用するという事にならざるをえないものと考えます。

（２）手当や福利厚生についての判断基準

従前のハマキョウレックス事件や長澤運輸事件の最高裁判決は，労働条件の相違の不合理性の判断にあたって，労働条件の性質やこれを支給することとされた目的を踏まえて，労契法20条所定の諸事情を考慮することにより判断すると判示していまし

た。そのため，不合理性の判断にあたっては，

①	労働条件の性質・目的／趣旨を認定する
②	職務の内容，職務内容・配置の変更の範囲が異なることで，かかる性質・目的／趣旨に影響を与えるかどうかどうか
③	それ以外の労働条件との関係を勘案する余地があるのか否か
④	その他不合理であるとの評価を妨げる事情の有無（その他の事情）

という順序で判断を行うということになります。

ハマキョウレックス事件・長澤運輸事件及び今回の5つの最高裁判決の手当・福利厚生に関する判断を整理すると以下のとおりとなります（**表7**）。

表7

手当等の分類	具体例	判　断
A　性質・目的でもって相違が直接的に合理的に説明可能なもの	住宅手当①[16]	就業場所の変更が予定されているものであれば不合理ではない
	役付手当②	正社員の中から指定された役付者であることに対して支給されるから不合理ではない
B　性質・目的が明確なもの（上記のA以外のもの）	皆勤手当，無事故手当，作業手当，勤務中の給食手当，通勤手当（いずれも①）	性質･目的が，「変更の範囲」が異なることによって影響を受けるものではなく，不合理。[17]
	年末年始勤務手当⑤⑥	「職務の内容」「変更の範囲」に相応の相違があることを考慮しても不合理
C　性質・目的が明確でないもの	扶養手当⑥[18]	「職務の内容」「変更の範囲」に相応の相違があることを考慮しても不合理（相応に継続的な勤務が見込まれることが前提）
D　福利厚生	病気休暇の有償・無償⑤* 夏季冬季休暇⑤⑥⑦** 年始期間勤務の祝日給⑥**	「職務の内容」「変更の範囲」に相応の相違があることを考慮しても不合理 *については，相応に継続的な勤務が見込まれることが前提（④は見込まれないと判断している） **については，繁忙期限定ではなく，業務の繁閑に関わらない勤務が見込まれていることが前提

※　「職務の内容」と「職務の内容･配置の変更の範囲」について，前者を「職務の内容」，後者を「変更の範囲」と省略することとします。

※　ハマキョウレックス事件⇒①，長澤運輸事件⇒②，メトロコマース事件⇒③，大阪医科薬科大学事件⇒④，日本郵便東京事件⇒⑤，日本郵便大阪事件⇒⑥，日本郵便佐賀事件⇒⑦，と表示します。

16　住宅手当は，長澤運輸事件でも問題となり，結論として不合理ではないとされましたが，これは定年後再雇用との事案の特殊性に基づくものと解されます。

17　いずれの手当もハマキョウレックス事件における判断です。同事件は，「職務の内容」に相違がない事案であったため，その点を前提とした判断となっています。精勤手当については，長澤運輸事件でも争われていましたが，職務の内容が同一である以上，性質・目的に影響しないとだけ判断されています。

18　扶養手当であっても，職能給の基本給に準じたような内容の手当であれば上記Aに該当することになります。

そして，ハマキョウレックス事件にしても今回の５つの最高裁判決にしても，当該手当・福利厚生の性質・目的／趣旨でもって有期契約労働者と正社員との相違が合理的に説明できるのかどうかという点がもっとも重要なポイントになるものと解されます（既に述べたように，その点の判断にあたっては，手当・福利厚生の導入目的に沿った制度設計がなされているかどうかや運用実態如何という点も問題とされる可能性があります）。ちなみに，今回の５つの最高裁判決は，従前のハマキョウレックス事件の最高裁判決と若干論理展開は異なっていますが，概ね同様のアプローチであるものと考えられます。[19]

そして，今回の扶養手当についての判断[20]をみると，最高裁の手当等に関する判断は相当厳格な判断となっており，上記のとおり，性質，目的でもって有期と正社員との相違が直接的に合理的に説明可能であるような例外的な手当・福利厚生あるいは基本給や給与体系の違いなどとの関係で合理性が説明できるような手当・福利厚生を除いて，手当・福祉厚生について不合理性を否定することがかなり難しくなっているものと解されます。よって，合理的に説明ができない手当については早急に廃止する（基本給などに組み込むなど）か，あるいは有期契約労働者に対しても付与するように是正すべきものと考えます。

ちなみに，今回の５つの最高裁判決に係る事件の下級審段階において争われた労働条件のうち，高裁で判断が分かれたものの，最高裁での判断が示されることなく確定したもののうち特筆すべきものとしては，早出勤務等手当の相違があります。

この点については，メトロコマース事件と日本郵便事件とで高裁の判断が分かれました。メトロコマース事件の場合（早出残業の割増率の違い）においては，裁判所は，割増率の趣旨を時間外労働の抑制と捉えて，そのような趣旨から無期契約労働者と

19　ハマキョウレックス事件の最高裁判決（職務の内容が同一の事案になります）では，「変更の範囲」が異なることによってその性質・目的が影響を受けることがないから不合理であると述べていますが，今回の５つの最高裁判決では，「職務の内容」「変更の範囲」の双方につき相応の相違があることを考慮しても，不合理であるという論理展開になっています。これらの判決の論理展開の違いは，「職務の内容」にまで相違があるかどうかという違いに基づくものと解することが自然であると考えられます。
いずれにしても，今回の５つの最高裁判決は，「職務の内容」と「変更の範囲」の双方に相違があるケースでしたから，表７のBやCのような手当については，相違が相応である程度であれば，「職務の内容」「変更の範囲」如何は，「原則として」結論には影響しないことになるのではないかと思われます。
そのような観点からすれば，手当・福利厚生の相違の合理性を，「職務の内容」や「変更の範囲」でもって説明しようと試みることには，限界があると言わざるをえません。

20　確かに，手当の性質・目的／趣旨が外形的に明確であれば，「正職員としての職務を遂行しうる人材の確保・定着」という目的（大阪医科薬科大学，メトロコマース事件）であるとの認定を排除するように働くといえますが，他方，手当の性質・目的／趣旨が曖昧に解釈できるのであれば，「正職員としての職務を遂行しうる人材の確保・定着」という目的も認める余地もあったはずです。とりわけ，扶養手当・家族手当のような手当については，最高裁は「生活保障や福利厚生を図り，扶養義務のある者の生活設計等を容易にさせることを通じて，その継続的雇用を確保する」との目的を認めていますが（日本郵便大阪事件判決），「正職員としての職務を遂行しうる人材の確保やその定着を図る」という目的と併存すると考える余地もあったはずです。しかしながら，最高裁は結果として併存すると判断しなかったわけですが，そのように考えた背景として，前述したとおり「正職員としての職務を遂行しうる人材の確保・定着という目的」を認定することにつき謙抑的に考えたことに加えて，扶養親族の種類及び数に応じて扶養手当を支給するという程度の待遇であれば，「正社員としての職務を遂行し得る人材の確保・定着を図る」という機能まで果たすとは言い難いという考慮があった可能性があります。

有期契約労働者との間で相違を設ける必要はなく不合理であると判断したものであり，日本郵便事件の場合（始業開始が早朝等である場合に正社員にのみ定額の手当を支給している）においては，裁判所は，正社員は勤務シフトに基づき早朝等の勤務を行うが，有期契約社員の場合には募集・採用の段階で勤務時間帯が特定されていることなどの違いに基づくものであって不合理ではないと判断したものです。よって，このように高裁の判断が食い違った背景には，問題となる手当の具体的内容も異なり，手当の性質・目的も異なっていたという事情があるものと考えられます。

（３）「相応に継続的な勤務が見込まれる」とは

今回の最高裁判決のうち，日本郵便大阪事件の扶養手当や日本郵便東京事件の病気休暇の有償・無償などにおいては，有期契約労働者側において「相応に継続的な勤務が見込まれる」という事情を認定したうえで，不合理であると判断しています。ここでいう「相応に継続的な勤務が見込まれる」というのは，どのように判断することになるのでしょうか。労働者個人に着目した判断になるのでしょうか，あるいは争っている労働者を含む一定の集団の傾向性を示すのでしょうか。この点について，上記日本郵便大阪事件は，「本件契約社員は，契約期間が６か月以内又は１年以内とされており，第１審原告らのように有期労働契約の更新を繰り返して勤務する者が存する」とし，上記日本郵便東京事件では「上記時給制契約社員は，契約期間が６か月以内とされており，第１審原告らのように有期労働契約の更新を繰り返して勤務する者が存する」，とそれぞれと述べています。このような記載からは，一定の集団の傾向性として，更新が繰り返されている状態をみているもののようですが，現時点では断言できかねるように思われます。

とすれば，扶養手当や病気休暇の有償・無償については，有期契約労働者について更新上限を設けてかかる更新上限以上の更新を認めないなどの措置を講じるならばともかく，更新について制約の設けられていないような有期労働契約の場合には，相応に継続的な勤務が見込まれると判断されるリスクがそれなりにあると言わざるをえず，その場合には有期契約労働者と正社員との相違が不合理なものと判断されるリスクがあるといえます。その点は十分に考慮すべき点といえるでしょう。

第３部

同一労働同一賃金
これまでの裁判の流れ

これまでの裁判例・最高裁判決（ハマキョウレックス事件，長澤運輸事件）及び今回の最高裁５判決の位置付け

弁護士法人天満法律事務所　弁護士　吉田　肇

ハマキョウレックス事件及び長澤運輸事件の最高裁判決は，（旧）労契法20条に関する法解釈を明らかにしていますが，その解釈は，同法を引き継ぎ，その適用範囲をパートタイマー（短時間労働者。以下「パート」といいます）に拡大した現在のパート有期法８条の解釈にも基本的に妥当するものです[1]。また，今回のメトロコマース事件，大阪医科薬科大学事件，日本郵便事件最高裁判決も，上記両事件最高裁判決が明らかにした解釈を踏まえた判断となっています。以下，上記両事件最高裁判決の内容を解説します。

1　ハマキョウレックス事件最高裁判決・最二小判平成30年６月１日

（1）事案の概要

有期労働契約を締結しているトラック運転手Xが，無期労働契約を締結しているトラック運転手（正社員）とXの間で，無事故手当，作業手当，給食手当，住宅手当，皆勤手当，通勤手当，家族手当，賞与，定期昇給及び退職金（以下「本件賃金等」）に相違があることは，労契法20条に違反していると主張して，以下の請求をした事案です。

①　地位確認請求

本件賃金等に関し，正社員と同一の権利を有する地位にあることの確認請求。

②　給付請求

㋐　差額賃金請求（主位的請求）

無事故手当，作業手当，給食手当，住宅手当，皆勤手当，通勤手当（以下「本件諸手当」）に関する差額の支払いを請求

㋑　損害賠償請求（予備的請求）

不法行為に基づき，差額賃金に相当する損害賠償請求

（2）裁判所の判断

最高裁は，まず，労契法20条について，以下のような解釈を明らかにしました。

①　労契法20条の趣旨

判決は，同条の趣旨は，有期契約労働者の公正な処遇を図ることにあるとした上で，同条は，有期契約労働者と無期契約労働者の間で，労働条件に相違があり得ることを前提に，職務の内容等（同条に規定する職務の内容，当該職務の内容及び配置の変更の範囲その他の事情）を考慮して，その相違が不合理と認められるものであってはならないとするものであり，職務の内容等の違いに応じた均衡の取れた処遇を求める規定であるとしました。同条は，いわゆ

1　菅野和夫「労働法12版」359頁，荒木尚志「労働法第４版」557頁等。

る均衡処遇の原則の規定であるとしたものです。

② 地位確認請求，差額賃金請求について（同条の効力等）

㋐ 判決は，同条の文言や趣旨に照らせば，同条は，私法上の効力を有するとしました。すなわち，同条に違反する有期労働契約の部分は無効となります（強行的効力）。（同時に，後の損害賠償請求に関する判断に関連しますが，不法行為法上も違法となります。）

あわせて，仮に労契法20条に違反する場合であっても，有期契約労働者の労働条件が，同条の効力により比較対象無期契約労働者の労働条件と同一になるものではないとしました。いわゆる補充的効力は認められないとしたものです。

これは，同条の文言が，労契法12条や労基法13条とは異なり，比較対象労働者と同一の労働条件になる旨を規定していないことや，上記均衡処遇の趣旨から補充的効力は認められないと主張していた有力説の解釈を支持したものです。

㋑ また，判決は，正社員就業規則が契約社員就業規則と別個独立のものとして作成されていることから，就業規則の合理的解釈によっても正社員就業規則を有期契約労働者に適用することは困難としました。

㋒ 以上から，地位確認請求，差額賃金請求は，いずれも理由がないとしました。

③ 損害賠償請求について

㋐ 判決は，労契法20条において，労働条件が「期間の定めがあることにより」相違する場合と規定している意味について，「有期契約労働者と無期契約労働者の労働条件の相違が期間の定めの有無に関連して生じたものであることをいう」としました。

ただし，この解釈は，現在のパート有期法８条が上記「期間の定めがあることにより」という文言を設けなかったことから，今後は引き継がれず，同条に反するか否かは，端的に労働条件，待遇の相違が同条の規定する考慮要素に照らして不合理と認められるか否かの判断に集約されると考えられます[2]。

㋑ 「不合理と認められるもの」の意義

判決は，「不合理と認められるもの」の意味を（「合理的でないもの」と同義ではなく）「有期契約労働者と無期契約労働者との労働条件の相違が不合理であると評価することができるものであることをいうと解するのが相当」としました。この解釈は，長澤運輸事件最判でも繰り返し述べられているものですが，この点は，法律上・実務上，重要な意義を持っており，「合理的でないもの」と「不合理と認められるもの」の間に，労契法20条違反にはならないグレーゾーンを認める解釈といってよいでしょう。

判決は，このように解する理由を，同条の文理（「不合理と認められるものであってはならない」と規定している。）及び，同条は均衡処遇の考え方に立った規定であるところ，均衡の判断に際しては労使間の交渉や使用者の経営判断を尊重すべき面があることに求めています。

判決は，こうした解釈に立ち，住宅に要する費用を補填する趣旨で支給される住宅手当を，転居を伴う配転の予定されている正社員にのみ支給し，職務内容は

2 前掲菅野359，363頁参照。

同じだが就業場所の変更が予定されていない契約社員には支給しない相違について，不合理であると評価することができるものとはいえないとしました。

長澤運輸事件最高裁判決も，後述のとおり，職務内容，職務内容及び配置の変更の範囲に相違がない場合であっても，定年後に再雇用された者であることや，賃金制度における配慮がなされていること，団体交渉の経緯等を同条の「その他の事情」として総合的に考慮し，定年後再雇用された者に能率給及び職務給を支給しないで歩合給を支給することや，賞与を支給しないこと，住宅手当や家族手当を支給しないこと等が不合理であると評価することができるものとはいえないとしました。

また，今回のメトロコマース事件最高裁判決が，退職金の性質や目的を踏まえて，売店業務に従事する正社員と契約社員Ｂの職務の内容等を考慮すれば，契約社員Ｂに退職金を支給しないという相違が不合理であるとまで評価することができるものとはいえないとしたのも同様の考え方に立ったものです。

以上のことから，今後は，パート有期労働者と通常の労働者（正社員）の待遇にパート有期法８条の不合理と認められる相違が設けられているか否かを判断するに際しては，均衡処遇の見地から，職務内容，職務内容及び変更の範囲，その他の事情に照らして，不合理とはいえない程度に釣り合いのとれた処遇がされているかどうかが吟味されることになると考えられます[3]。

㋒　主張立証責任

上記のように，裁判では，待遇の相違が不合理と認められるか否かが判断されることになりますが，最高裁は，この判断は規範的評価を伴うので（規範的要件），不合理であると主張する労働者側は，相違が不合理であるとの評価を基礎づける事実（評価根拠事実）の主張立証責任を負い，使用者側は，相違が不合理であるとの評価を妨げる事実（評価障害事実）の主張立証責任を負うとしました。

④　各手当の不合理性の判断

以上の考え方を前提に，本判決は諸手当に係る相違が不合理と認められるか否かを個別の手当ごとに判断しています。この個々の待遇ごとに，その性質，目的に照らして法の規定する要素の中から適切なものを考慮して不合理性の有無を判断する考え方は，長澤運輸事件最判とも共通するものであり，パート有期法８条で明記されました。

㋐　前提事実

判決は，待遇の相違の不合理性を判断する前提事実として，法の規定する諸要素に当たる事実を認定しています。すな

3　前掲菅野362頁参照。なお，菅野は，パート有期法８条，９条は，欧州の同一労働同一賃金とは異なる，わが国独特の待遇原則，日本版同一労働同一賃金ともいうべきものであり，均衡を求めることにより「通常の労働者の当該賃金項目の○割を下回る限度で「不合理」となる，といった割合的判断が行われうる」とするが，メトロコマース事件東京高裁判決は，契約社員Ｂに対する正社員の４分１を下回る退職金支給を不合理とする割合的判断をした判決であり，最高裁判決の宇賀克也裁判官の反対意見は，同高裁判決を是認する意見を述べている。同事件最判の多数意見は，割合的判断をするまでもなく不合理とまで評価することはできないとしたが，職務内容等の違いが実質的にない事案であれば，こうした割合的判断もあり得たであろう（同事件最判の林景一裁判官の補足意見参照）。他に割合的判断をした最近の裁判例として後掲名古屋自動車学校事件・名古屋地判令和２年10月28日。

わち，正社員と契約社員（有期契約労働者）との間にⓐ「職務の内容」の違いはありません。ⓑ「職務の内容及び配置の変更の範囲」に関しては，正社員は，出向を含む全国規模の広域異動の可能性があり，職務遂行能力に見合う等級役職への格付けを通じて，将来会社の中核を担う人材として登用される可能性があるのに対し，契約社員は，就業場所の変更や出向は予定されておらず，将来中核人材として登用されることも予定されていません。

以上の事実認定を前提に，各手当の性質，目的に照らして相違が不合理性と認められるか否かを検討します。

㋑　住宅手当

同手当の趣旨は，従業員の住宅に要する費用を補助する趣旨と解されるところ，正社員は，上記のとおり転居を伴う配転が予定されているため，契約社員に比較して住宅に要する費用が多額となり得る。したがって，正社員にのみ住宅手当を支給する相違は，不合理であると評価することはできない。

㋒　皆勤手当

同手当の趣旨は，出勤者を確保する必要から，皆勤を奨励する趣旨と解されるところ，出勤する者を確保する必要性は，職務内容が同じ正社員，契約社員の間で差異はなく，また転勤や出向をする可能性，人材登用の可能性の有無で異なることはない。すなわち，同手当を支給する趣旨は，変更の範囲の違いとはかかわりなく，職務内容が同じである正社員，契約社員双方に妥当するので，正社員にのみ皆勤手当を支給する相違は，不合理と認められる。

㋓　無事故手当

同手当は，優良ドライバーの育成や安全な輸送による顧客の信頼の獲得を目的としているところ，安全運転や事故防止の必要性は，職務内容が同じ正社員，契約社員の間で差異はなく，また転勤や出向をする可能性，人材登用の可能性の有無で異なることはないので，皆勤手当と同様に正社員にのみ無事故手当を支給する相違は，不合理と認められる。

㋔　作業手当

同手当の性質は，作業そのものを金銭的に評価して支給される性質のものであるところ，職務の内容は異ならず，職務の内容及び配置の変更の範囲が異なることによって，作業に対する金銭的評価が異なることもないので，正社員にのみ作業手当を支給する相違は不合理と認められる。

㋕　給食手当

同手当の趣旨は，従業員の食事に係る補助であり，勤務時間中に食事をする必要のある労働者に支給するのが趣旨にかなうところ，職務の内容や勤務形態に違いはなく，変更の範囲が異なることはその趣旨とは関係がないのであるから，正社員にのみ支給するのは不合理と認められる。

㋖　通勤手当（正社員の方が2000円多い）

同手当の趣旨は，通勤に要する交通費を補填することにあるところ，期間の定めの有無，職務内容等の変更の範囲は，通勤に要する交通費の多寡は関係ないの

4　なお，賞与，退職金の相違については，原告が損害賠償請求の対象に含めていなかったことから，不合理性に関する個別判断はされていない。

であるから，金額の相違は不合理と認められる。[4]

2 長澤運輸事件最高裁判決・最二小判平成30年6月1日

（1）事案の概要

セメント，液化ガス等の輸送事業を営むY社を定年退職した後に，嘱託社員の有期労働契約を締結してバラセメント車乗務員として就労しているXらが，無期契約を締結している乗務員との間に，労契法20条に違反する労働条件の相違があると主張して，以下の請求をしました。

① **主位的請求**

㋐　地位確認請求

正社員の就業規則等が適用される労働契約上の地位にあることの確認請求

㋑　差額賃金請求

社員との差額賃金の請求

② **予備的請求（損害賠償請求）**

不法行為に基づき，差額賃金に相当する損害賠償請求

※　本件で問題とされた労働条件の相違は以下のとおりです。

- 嘱託社員に対して能率給，職務給を支給しない。（ただし，一方で，嘱託乗務員に対しては，正社員の基本給と金額の異なる基本賃金や歩合給を支給していた）。
- 嘱託乗務員に対して精勤手当，住宅手当，家族手当，役付手当，賞与を支給しない。
- 時間外手当（超勤手当）の計算方法の相違。

（2）裁判所の判断

ハマキョウレックス事件の判決が言い渡された同日，引き続き言い渡された本件判決は，労契法20条の解釈について，不合理性の考慮要素としての「その他の事情」の意義を明らかにするとともに，それを踏まえて有期契約労働者が定年退職後再雇用された労働者であることや，団体交渉の経過，問題となった賃金等の内容の相違を考慮して個々の待遇ごとに，その相違の不合理性について判断をしています。

① **同条の不合理性判断の考慮要素と「その他の事情」の意義**

㋐　判決は，本件の嘱託社員及び正社員は，職務の内容並びに職務の内容及び配置の変更の範囲（併せて「職務内容及び変更範囲」）において相違がないとした上で，不合理性を判断する際の考慮事情は，職務内容及び変更範囲並びにこれらに関連する事情に限定されるものではなく，「その他の事情」として考慮されうるとしました。

判決は，その理由として，賃金に関する労働条件は，職務内容及び変更範囲により一義的に決まるものではなく，使用者は，雇用及び人事に関する経営判断の観点から，労働者の職務内容及び変更範囲にとどまらない様々な事情を考慮して，賃金に関する労働条件を検討するものであるし，また，労働条件の在り方については，団体交渉等による労組自治に委ねられるべき部分が大きいということもできるとしています。

㋑　その上で，定年退職後再雇用された者であることは，相違の不合理性判断に際し，労契法20条の「その他の事情」として考慮される事情に当たるとしました。

判決は，その理由として，定年後再雇用された者であるという事情（定年制の下における無期契約労働者の賃金体系は定年退職するまでの長期雇用を前提にしているが，他方定年退職後の再雇用有期契約労働者については長期雇用することは通常予定されておらず，また，定年退職するまでの間は無期雇用労働者として賃金を支給され，老齢厚生年金の受給も予定されている。）は，その者の賃金体系の在り方を検討するに当たって，その基礎になるものであるからとしています。

この説明は，「その他の事情」としてどのような事情を考慮すべきかを検討するに際し重要な示唆を与えています。すなわち「定年後再雇用された者」であることは，使用者が，雇用・人事に関する経営判断の観点から労働者の賃金その他の待遇を検討するに当たり，その基礎になる事情であり，そうした事情は「その他の事情」に該当すると考えられます。

そして，賃金その他の待遇を決定する過程で団体交渉等が行われた事情があるのであれば，労使自治を尊重する観点からも，そのことは「その他の事情」に当たると考えるべきでしょう。

③　個々の賃金項目に関する不合理性判断の方法

賃金の総額を比較することのみによるのではなく，各賃金項目の趣旨を個別に考慮すべきとしましたが，当該賃金項目の有無及び内容が，他の賃金項目の有無及び内容を踏まえて決定される場合には，その事情も考慮されるべきとしました（個別判断の修正）。その上で，以下のとおり，各賃金項目ごとに判断をしています。

④　各賃金項目の相違の不合理性の判断

㋐　正社員に対して支給される能率給，職務給を嘱託乗務員に対して支給しないことについて

被告の賃金体系には，正社員には，基本給，能率給，職務給が支給される一方，嘱託乗務員には，基本賃金，歩合給が支給され，職務給は支給されないという相違があるが，そのうち，基本賃金の額は基本給の額を上回っており（いずれも固定給），また，歩合給の係数は能率給の係数の約２～３倍となっており（いずれも成果賃金），これらはいずれも，団体交渉を経て，使用者が嘱託社員に対して，職務給を支給しない代わりに配慮，工夫をしたものということができる。このことを踏まえれば，嘱託乗務員に対して能率給，職務給を支給しないことの不合理性の判断に当たっては，嘱託乗務員の基本賃金，歩合給が，正社員の基本給，能率給及び職務給に対応するものであることを考慮する必要がある（上記③の立場）。

そして，嘱託乗務員の上記２つの賃金の合計額は，正社員３つの賃金の合計額よりも２～12％少ない額にとどまっている。

さらに，嘱託乗務員が定年後再雇用された者であり，一定の要件を満たせば老齢厚生年金の支給を受けることができること，団体交渉を経て，支給開始までの間２万円の調整給を支給することとしている事情を総合考慮すると，職務内容及び変更範囲が同一である事情を踏まえても，上記賃金，労働条件の相違は不合理と評価できないとしました。

このように，判決は，賃金の定め方に鑑みて個別判断の方法を修正しつつ，差額の程度を考慮し，さらに定年後再雇用

された者であること，労使交渉の経過をその他の事情として考慮して，均衡な処遇の観点から上記賃金の相違は，不合理とは認められるものには当たらないと結論づけました。

㋑　精勤手当

精勤手当は，（支給要件及び内容に照らせば）休日以外は，１日も欠かさずに出勤することを奨励する趣旨であるとした上で，嘱託乗務員と正社員の職務内容が同一である以上，皆勤を奨励する必要性に相違はないので，嘱託社員に支給しない相違は不合理としました。

㋒　住宅手当，家族手当

判決は，住宅手当は，住宅費の負担に対する補助，家族手当は家族を扶養するための生活費に対する補助として支給されるもので，いずれも従業員に対する福利厚生及び生活保障の趣旨で支給されるものとした上で，正社員には嘱託乗務員と異なり，幅広い世代の労働者が存在するので，それらの者に住宅費，家族を扶養するための生活費を補助することには理由があるが，他方，嘱託乗務員は，正社員を勤続後定年退職した者であり，老齢厚生年金の支給を受けることが予定され，調整給も支給される。

これらの事情（「その他の事情」）を総合考慮すると，職務内容及び変更範囲が同一であるといった事情を踏まえても，相違は不合理と評価できないとしました。

住宅手当については，ハマキョウレックス事件判決と異なり，本件の嘱託乗務員，正社員は，いずれも配置の変更が想定されていないにもかかわらず，同じ結論になりましたが，これは，住宅手当の趣旨が正社員の生活費補助にあること，嘱託乗務員は，定年退職後再雇用した者であり，調整給も支給されるといった「その他の事情」が考慮された結果です。

㋓　役付手当

判決は，役付手当の性格は，正社員の中から指定された役付者であることに対して支給されるものであるから，（人材活用の仕組みが異なり，役付者になることのない）嘱託乗務員に支給しないのは，不合理とは認められないとしました。

㋔　超勤手当（時間外手当）

判決は，同手当の趣旨は，従業員の時間外労働に対して労基法所定の割増賃金を支払う趣旨であるところ，正社員の時間外労働手当の計算に際し精勤手当を基礎賃金に含め，一方で嘱託社乗務員の超勤手当の基礎賃金に含めない相違は不合理と認められるとしました。

㋕　賞与

賞与の趣旨は，労務の対価の後払い，功労報償，生活費の補助，労働者の意欲向上等といった多様な趣旨を含みうるところ，嘱託乗務員は，定年後再雇用された者であり，退職金の支給を受けるほか，老齢厚生年金の支給を受ける予定で，支給開始までの間は調整給の支給も受ける。また，嘱託乗務員の年収は，正社員の79％程度であり，その賃金体系もその収入の安定に配慮され，工夫されたものである。

以上の事情を総合考慮すると，たとえ職務内容及び変更範囲が同一であり，正社員に対し賞与が基本給の５か月分とされている事情を踏まえても，賞与の有無の相違は，不合理であると評価することはできないとしました。

趣旨を踏まえ，定年後再雇用された者であることや年収の相違の程度，賃金体系も嘱託乗務員に配慮されていることを

「その他の事情」として考慮すれば，たとえ職務内容及び変更範囲が同一であっても，賞与の支給の有無の相違は，不合理と認められる相違とはいえないとしたものです。

3 ハマキョウレックス事件及び長澤運輸事件最判の意義とパート有期法８条の解釈

（1）規範としての法律判断と事例判断

ハマキョウレックス事件，長澤運輸事件両最判の判断のうち，労契法20条の解釈をした法律論の部分（同条の趣旨（均衡処遇），「不合理と認められるもの」の意義，同条違反の効力（私法上の効力を有し，違反する法律行為は無効となり，不法行為法上違法となるが，補充的効力はないこと等），不合理性を判断する際の考慮事情は職務内容及び変更範囲並びにこれらに関連する事情に限定されず，同条の「その他の事情」として考慮されること，定年退職後再雇用された者であることは「その他の事情」として考慮される事情に当たるとしたこと，個別の賃金項目が他の賃金項目の有無，内容を踏まえて決定されている場合はその事情も考慮すべきであること等）は，規範としての効力（先例拘束性）を有する判断と考えられます。

したがって，その部分は，後の下級審の判断を拘束するとともに，行政や企業の労務管理もそれに従って行われる必要があります。

一方，各種手当の相違に関する判断は，個別事案の事実関係を前提とした事例判断であり，例えば，住宅手当については，長澤運輸事件は，無期契約労働者に配置の変更（転勤の可能性）がない事案でしたから，ハマキョウレックス事件判決の判断枠組からすれば，相異は不合理とされる可能性がありそうですが，長澤運輸事件の場合は，当該住宅手当の趣旨や定年後再雇用された者であること等の事実が，「その他の事情」として考慮されることにより，不合理性とは評価されませんでした。この事例判断に関する部分は，個別事案の前提事実が異なれば，両判決とは異なった結論となる可能性があります。

そして，以上の解釈は，労契法20条をその適用対象をパートに拡大して引き継いだパート有期法８条の解釈にも引き継がれることとなります。

（2） 両判決の判断は，多くの点で，パート有期法８条，９条及び労働者派遣法30条の３，30条の４に関する行政の「指針」[5]（ガイドライン）と同様の考え方に立っており[6]，同法の解釈，適用に当たって重要な規範としての意義を有します。

ただし，賞与に関する判断内容等は，「指針」をそのまま適用するものとはいえない部分もあり，個別の待遇の相違に関する不合理性判断に当たっては，事案ごとの具体的な事情（特に「その他の事情」）を踏まえ，待遇の性質，目的に照らして，どの程度の比重でそれぞれの要素を考慮すべきかを吟味する必要があると思われます。

5　短時間・有期雇用労働者及び派遣労働者に対する不合理な待遇の禁止等に関する指針（平成30年厚生労働省告示第430号）

6　指針の「基本給（注）」部分に，長澤運輸事件の定年後再雇用された者であることを「その他の事情」として考慮する判断が，そのまま盛り込まれています。

(3)「その他の事情」について

① 両最判で明らかにされた，不合理性判断の考慮要素が，職務内容及び変更の範囲並びに関連する事情に限定されず，それ以外の様々な事情が「その他の事情」として総合考慮されうるとする解釈は，裁判規範として今回のメトロコマース事件や大阪医科薬科大学事件の最高裁判決でも引き継がれています。そして，両事件の最高裁判決では，それぞれの事案において，他の事件では見られなかった賃金その他の待遇の決定，変更等に重要な影響を与える事情が，「その他の事情」として考慮されています。

② 例えば，メトロコマース事件では，比較対象正社員である売店業務に従事する正社員が他の多数の正社員とは職務内容及び変更の範囲を異にしており，その背景に，被告の組織再編等に起因する事情が存在したことや，その人数も少数になっていた事情，並びに正社員登用制度が設けられて，実態としても相当数の契約社員が正社員に登用されていた事情を「その他の事情」として考慮しています。

また，大阪医科薬科大学事件では，比較対象正社員とされた教室事務員である正社員の業務の過半が定型的で簡便な作業等であったことから，被告は一定の業務等が存在する教室を除いてアルバイト職員に置き換えてきており，その数は僅かになっていたことを挙げて，比較対象正社員と他の大多数の正社員と職務の内容及び変更の範囲を異にするに至った背景には，そうした教室事務員の業務の内容や被告の人員配置の見直し等に起因する事情が存在したこと並びに正社員登用制度が設けられていた事情を「その他の事情」として考慮するのが相当としました[7]。

③ このように，最高裁は労契法20条の「その他の事情」について，職務内容及び変更の範囲に関連する事情に限定していませんが，具体的にそこで考慮された事情は，会社の組織再編や人員配置の見直し等に起因する事情，正社員登用制度の存在等，使用者が賃金体系の在り方を検討するに当たって基礎とする事情ということができ，それらの事情を同条の「その他の事情」として，労働条件の相違の不合理性を判断する際の重要な考慮要素としたと考えられます。

そして，最高裁が判決において認定した上記「その他の事情」の具体的事実は，訴訟上は，いずれも不合理性判断の評価障害事実として位置付けられます。他の考慮要素である「職務の内容」に一定の相違があったこと及び「職務の内容及び配置の変更の範囲」にも一定の相違があったこと等の評価障害事実の存在とともに，上記「その他の事情」を考慮すれば，原告の主張する不合理性の評価根拠事実（大阪医科薬科大学事件であれば，正職員の賞与額やその趣旨，正社員に準ずる契約職員に対し正社員の約80%の賞与が支給されていたこと，年収額の比較等，メトロコマース事件であれば，契約社員Bが必ずしも短期雇用を前提としておらず，更新されて10年前後勤続していること）を斟酌しても，労働条件の相違が

7　メトロコマース事件，大阪医科薬科大学事件両最判は，比較対象正社員をどのように決めるべきかという論点について，正面から判断することはしていませんが，その判旨は，原告の主張する比較対象正社員を相違の不合理性を判断する対象としつつ，他の正社員とは職務内容や変更の範囲が異なっていたことの背景に組織再編，人員配置の変更等の事情が存在したことを，その他の事情として考慮する方法を採用しています。

不合理であるとまで評価することはできないとしました。

（4）「職務の内容」「職務の内容及び配置の変更の範囲」「その他の事情」の考慮要素の関係～労契法20条の解釈とパート有期法８条の「（３要素）のうち，当該待遇の性質及び当該待遇を行う目的に照らして適切と認められるものを考慮して」の意味～

この３要素の考慮の方法については，労契法20条下の判決では，各要素を総合的に判断する方法がとられていますが，パート有期法８条が，労契法20条にはない「（３要素）のうち，当該待遇の性質及び当該待遇を行う目的に照らして適切と認められるものを考慮して」との文言を規定したことの意味が問題となります。

この点，労契法20条の下でも，「その他の事情」や待遇の性質，目的によっては，「変更の範囲」が異なっていても，賃金その他の待遇の相違が不合理と認められるとしたものがあります。

例えば，手当について，ハマキョウレックス事件最判が，上記のとおり，多くの手当についてその趣旨（目的，性質）に照らせば，「変更の範囲」が異なっていることに関わりなく，その支給の相違は不合理と認められるとしたのは，手当の趣旨が，他の考慮要素を上回る考慮要素となると判断した結果といってよいでしょう[8]。同様の判断の仕方は，後記６の上記最高裁判決以降に出された下級審判決にも多く見られるところです。

また，逆に不合理性を否定したものもあります。メトロコマース事件，大阪医科薬科大学事件の両最判が，比較対象正社員の業務の内容におおむね共通あるいは共通する部分はあるものの，その他の「職務の内容，変更の範囲」の一定の相違及び組織再編，人員配置の変更等といった「その他の事情」を考慮することによって退職金，賞与の不支給の相違を不合理とは認められないとしたのも，退職金や賞与の性質，目的を踏まえて，職務内容，変更範囲の一定の相違，その他の事情が職務内容の一部である業務の共通性を上回る考慮要素となった（比重を重く判断した）結果といってよいでしょう。

このように，最高裁は，労契法20条の解釈において，３要素を考慮するに際しては，賃金等の待遇の性質，目的に照らし，各要素の比重のかけ方を適切に変えて判断しており，パート有期法８条の上記文言は，同様の考え方を明文で規定しているものと解されます。

なお，長澤運輸事件については，「職務の内容」のみならず「職務の内容及び配置の変更の範囲」も同一の事案に関する労契法20条の解釈をした最判でしたが，新しいパート有期法の施行後は，パート有期法９条の均等原則が適用されることとなるので，この点は後述します。

（5）賃金その他の待遇の性質，目的と使用者の経営判断，労使交渉の経緯の尊重

最高裁判決は，労働者の賃金に関する労

8　菅野364頁は，パート有期法８条は，「３つの判断要素（特に「その他の事情」）について，考慮できる事情の範囲（カテゴリー）を狭めるものではないが，それら要素の考慮の仕方（比重のかけ方）を，問題となっている待遇の性質・目的に照らして適切に行うことを要請しているといえる。」とし，ハマキョウレックス事件最判の判断について，「手当の趣旨が『当該待遇の性質及び当該待遇を行う目的に照らして』配置の変更範囲の違いを上回る考慮要素となったといえる」としています。

働条件は，労働者の職務内容及び変更範囲により一義的に決まるものではなく，使用者は雇用及び人事に関する経営判断の観点から，職務内容及び変更範囲にとどまらない様々な事情を考慮して賃金に関する労働条件を検討するものということができ，また賃金に関する労働条件の在り方は，基本的には，団体交渉等による労使自治に委ねられる部分が大きいとしました。

メトロコマース事件最判における林景一裁判官の補足意見は，退職金の性質や目的を十分に踏まえて相違の不合理性を判断する必要があるとした上で，退職金は，労使交渉等を踏まえて，賃金全体を見据えた制度設計がされるのが通例で，社会経済情勢や経営状況の動向にも左右されるので，使用者の裁量的判断を尊重する余地が比較的大きいとしましたが，このように職務の内容等とともに，待遇の性質，目的によっては，使用者の裁量を尊重する余地を認め，相違の不合理性を判断するに際し，職務内容等にある程度の相違や，その他の事情が認められれば，不合理とまでは認められないという判断にいたる可能性もあると考えられます。退職金や賞与はその例ということができるでしょう。

もちろん，先に述べたように，待遇の性質，目的，趣旨によっては，職務内容，変更の範囲に関わらず，相違は不合理と認められる場合もありえます（通勤手当等）。

また，メトロコマース事件，大阪医科薬科大学事件の両最判が述べているように，退職金や賞与に関するものであっても，相違が不合理と認められる場合はあり得るのであり，メトロコマース事件の林景一裁判官の補足意見にあるように，例えば，有期契約労働者がある程度長期間雇用されることを想定して採用されており，職務内容等が実質的に異ならない場合には，相違が不合理とされる可能性も（割合的に不合理とするか否かは別として）あり得ることは，注意する必要があります。

（6）比較対象正社員について

ハマキョウレックス事件，長澤運輸事件両最判は，有期契約労働者と賃金その他の労働条件を比較する比較対象正社員について一般的な判断を示しておらず，そのため，両最判後も，下級審判決は，原告が主張する正社員の労働条件を比較するのか，それに限らず正社員全体の労働条件と比較をするべきかについて，判断が分かれていました[9]。

しかし，今回のメトロコマース事件，大阪医科薬科大学事件の両最判は，一般論としての法解釈は示していませんが，いずれも原告の主張する正社員の労働条件を比較の対象としつつ，当該比較対象正社員は，その職務内容及び変更の範囲が他の多くの正社員と異なっており，それが関連会社を含む組織再編や会社の人員配置の再編といった事情に起因すること，その数も少数であること等を「その他の事情」として考慮し，相違の不合理性を判断しています。

このように，多様な正社員のうち，どの正社員の待遇と比較すべきかという点については，原告の主張する正社員の待遇と比較することとし，当該正社員が他の多くの正社員と職務内容及び変更の範囲を異にすることやそのような差異が発生した経緯を

9　例えば，メトロコマース事件の東京高裁判決は原告の主張する正社員の労働条件と比較し，大阪医科薬科大学事件の大阪高裁判決は，正社員全体の労働条件と比較すべきとしていた。

労使交渉の状況等を含む「その他の事情」として考慮し，当該待遇の性質や目的に照らして相違が不合理と評価すべきかどうかを判断する枠組みを最高裁は示したと考えられます。

4 パート有期法９条が設けられた後の長澤運輸事件最高裁判決の意義

長澤運輸事件最判が出された当時は，労契法20条が適用されていた時期ですが，その後パート有期法９条が施行され（大企業は2020年４月１日から，中小企業は2021年４月１日から施行），今後は，「職務の内容」が通常の労働者と同一のパート有期労働者であって，当該事業主との雇用関係が終了するまでの全期間において，その職務の内容及び配置が当該通常の労働者の「職務の内容及び配置の変更」と同一の範囲で変更されることが見込まれるものについては，「短時間・有期雇用労働者であることを理由として，基本給，賞与その他の待遇のそれぞれについて，差別的取扱いをしてはならない」こととされます。

長澤運輸事件の原告は，通常の労働者（正社員）と「職務の内容」及び「職務の内容及び配置の変更の範囲」が同一の労働者でしたから，同種のパート有期雇用労働者が原告になった場合には，パート有期法９条が適用されることになります。

ここで問題になるのは，同法には旧労契法20条の「その他の事情」が考慮要素として規定されていないことから，同事件の最高裁判決が挙げた定年後再雇用された労働者であることや団体交渉等の経緯，相違（支給される金額）の程度等は「その他の事情」として考慮することは許されないのかということです。

この点については，均等待遇の規定（パート有期法９条）は，元々均衡待遇の規定（旧労契法20条）に包摂されていた一場合を取り出して規定したものであること等を理由に，パート有期労働者が通常の労働者と「職務の内容」及び「職務の内容及び配置の変更の範囲」が同一であっても，差別的取扱い（不利益取扱い）を正当化する理由を主張，立証し，それに成功すればパート有期法９条の「短時間・有期雇用労働者であることを理由と」する差別的取扱いには当たらないとする見解[10]が有力です。この見解によれば，「職務の内容」及び「職務の内容及び配置の変更の範囲」と併せて長澤運輸事件最判が挙げた「その他の事情」を考慮して，相違には正当な理由があり，「短時間・有期雇用労働者であることを理由として」差別的取扱いをするものではないと反論することが可能です[11]。

定年後再雇用を含む短時間・有期雇用は，各企業，事業場の様々な事情の下で採用されており，それを法律の解釈で受け止めようとする見解といえ，妥当だと思います。

なお，パートタイム労働法９条が適用さ

10　前掲菅野367頁，荒木565頁も同旨。なお，均等待遇規定である労働者派遣法30条の３第２項は，「正当な理由」がある場合の例外的な不利益取扱いを認めている。

11　前掲菅野368頁，荒木565頁，水町「詳解労働法」354頁。菅野は，定年後の有期嘱託労働者の正社員との処遇格差については，定年後の処遇の水準，格差の幅，退職一時金や企業年金の支給の有無・内容，嘱託雇用者をも組織する組合と使用者間での交渉の有無・経過・状況などから処遇の「不合理な相違」（パート有期法８条）といえず，かつ，「短時間・有期雇用労働者であることを理由として」の「差別的取扱い」（パート有期法９条）にも当たらない場合があり得よう，としている。

れていた当時の後掲ニヤクコーポレーション事件判決，京都市立浴場運営財団事件判決は，いずれも合理的理由による差別的取扱いの余地を認める判決でした。

また，【名古屋自動車学校事件・名古屋地判令和２年10月28日判例集未登載】は，自動車学校の教習指導員として勤務していた原告らが，60歳定年後の有期雇用嘱託職員は，正社員と職務内容，職務内容・配置の変更範囲が同一であるにもかかわらず，基本給，賞与等に格差があるのは不合理であると主張した事件でしたが，判決は，原告らが定年後再雇用された者であり，退職金を受給し，給付金，老齢厚生年金の支給を受けることができた事情を踏まえたとしても，基本給が正社員の基本給を大きく下回っている事情や労使協議による見直しもされてないこと等を考慮すれば，その基本給の相違は正社員時の基本給の60％を下回る限度で，労契法20条に反する不合理な労働条件と認められるとし，賞与額の相違も不合理としました。パート有期法９条施行後は，相違に正当な理由はなく，「短時間・有期雇用労働者であることを理由とする」差別的取扱いに当たるとされるでしょう。

5 ハマキョウレックス事件及び長澤運輸事件最判以前の裁判例について

《均衡処遇に関する裁判例》

（1）基本給，賞与等

【五島育英会事件・東京地判平成30年４月11日】

65歳の定年退職後に有期雇用契約の嘱託教諭として勤務した原告が，嘱託教諭の基本給，賞与等の賃金が定年退職前の専任教諭（無期労働契約）の約６割程度しかないことは，労契法20条の不合理な労働条件の相違であると主張した事件です。判決は，退職年度の退職前後の「職務の内容」，「職務の内容及び配置の変更の範囲」に差異はないとしつつ，退職年度の専任教諭については，賃金は変更しないで職務の内容につき一般の専任教諭よりも負担を軽減する配慮がされていたという特殊な状況があり，それは「その他の事情」として，相違の不合理性を否定する方向で考慮すべき事情であるとともに，被告の賃金体系は，基本給に年齢給が含まれ，60歳から65歳までが最も高額になる年功的要素の強い賃金であり，定年後再雇用はさらにそれを超えて雇用する制度であることや，定年後の賃金を定めた規程は，原告も組合員である組合と被告が労使交渉を尽くして合意したものであるから合理性を裏付けるものであるとしました。

（2）基本給

【学究社事件・東京地裁立川支判平成30年１月29日】

学習塾の正社員として専任講師をしていた原告が，定年後に定年前と同じ賃金の支払いを請求したものの，判決は，定年後は雇用期間１年の時間講師の雇用契約が成立したと認定した上で，賃金の額が正社員当時の30％～40％になった相違については，担当する業務の内容や責任の程度に差（専任講師は，変形労働時間制の下に授業だけではなく生徒・保護者への対応，研修会への出席等が義務付けられているが，時間講師は，基本的に割り当てられた授業のみ担当する）があり，また，定年後再雇用であることからすれば賃金を下げることは不合理とはいえないとしました。

（3）賞　与

【ヤマト運輸事件・仙台地判平成29年３月30日】

１年の有期雇用契約であるキャリア社員と無期雇用契約であるマネージ社員の賞与の算定方法の差異が労契法20条の不合理な取扱いに当たるか問題となった事件です。判決は，両社員は，職務の内容（マネージ社員には，キャリア社員等を管理し，人事評価する等の職務がある一方，キャリア社員は与えられた職務において能力を発揮することのみが求められていた）及び配置の変更の範囲（マネージ社員には転勤，昇進がありましたが，キャリア社員にはありませんでした）において大きな差異があり，不合理とはいえないとしました。

《均等処遇に関する裁判例》

【ニヤクコーポレーション事件・大分地判平成25年12月10日】

１日の所定労働時間が１時間短い準社員の貨物自動車運転手につき，職務内容が同一で人材活用の仕組みも大きな差がないにもかかわらず，賞与の額，週休日の日数（休日割増賃金の額），退職金の有無の点で正社員との間で差があることには，いずれも合理的理由があるとは認められず，パートタイム労働法８条１項に違反する短時間労働者であることを理由とした差別的取扱いにあたるとしました。その上で，損害としては，賞与の差額，休日の割増分の差額について，不法行為による損害賠償を命じました（退職金については労働契約が存在するので損害なし）。

【京都市立浴場運営財団事件・京都地判平成29年９月20日】

１日の所定労働時間が正社員より30分短く，所定労働日が週４日の期間１年の有期雇用労働者（５回～13回更新）につき，正規職員と職務内容が同一で人材活用の仕組みも同一であるにもかかわらず退職金を支給しないことに合理的理由は見当たらず，パートタイム労働法８条１項に違反する短時間労働者であることを理由とした差別的取扱いにあたるとして，不法行為の成立を認めました。その上で，退職金相当額の損害賠償を命じました。

6 ハマキョウレックス事件及び長澤運輸事件最判以降の裁判例について

いずれも労契法20条の均衡処遇が問題とされた裁判例です。

（1）諸手当

①　家族手当（扶養手当）について

【日本郵便（非正規格差）事件・大阪高判平成31年１月24日労判1197号５頁】（最一小判令和２年10月15日の原審）

高裁は，（郵政省時代からの歴史的経緯も踏まえ）本件家族手当は，長期雇用を前提とした正社員に有為の人材を確保するための基本給の補完としての性格を有すると判断し，契約社員に対し扶養手当を支給しない相違を不合理とはいえないとしていました。

しかし，今回最高裁は，継続的な雇用を確保するという目的により継続的な勤務が見込まれる労働者に扶養手当を支給することは経営判断として尊重し得るものだが，契約社員についても扶養親族があり，相応に継続雇用が見込まれるのであれば，支給の趣旨は同様に妥当するとして，その他の労契法20条の他の考慮要素（職務内容等）について相応の相違があること等を考慮しても，相違は不合理であると評価できるとしました。

【井関松山製造所事件・高松高判令和元年7月８日労判 1208号25頁】

扶養家族の有無，人数により明確に定められた基準で支給される生活補助的な性質を有し，支給条件も職務の内容の差異等によるものではないとして，正社員に支給しながら有期契約労働者に支給しないことは不合理と認められるとした地裁判決を支持しました。高裁判決は，理由を付加して，支給金額に裁量の余地がないことから被告の主張する人事政策上の配慮等の必要性も認められないとしています。

一方，前掲【名古屋自動車学校事件】は，定年後再雇用された有期雇用の嘱託職員について，長澤運輸事件最判とほぼ同様の理由で，家族手当の不支給は不合理とは認められないとしました。

②　住宅手当について

【前掲井関松山製造所事件】は，有期契約労働者に住宅手当を支給しない相違について，住宅手当は，住居費の負担が重くなることに対する配慮の趣旨と認められ，相違は不合理と認められるとしました。（住宅手当の支給要件が，賃貸住宅への居住の有無などの明確な基準に基づき支給されており，職務の内容の差異とは関連しないと認定されています。）

【前掲日本郵便（非正規格差）事件】【日本郵便（時給制契約社員ら）事件（東京高判平成30年12月13日労判1198号45頁）】（最一小判令和２年10月15日の原審）は，住居手当の趣旨を同様に認定した上で，新一般職は，契約社員と同様に転居を伴う配転は想定されず，住居手当を契約社員に支給しない相違は不合理としました。

また，【メトロコマース事件（東京高判平成31年２月20日労判1198号５頁）】（最三小判令和２年10月13日の原審）は，契約社員Ｂに対する住宅手当を支給しない相違は，不合理と認められるとしました。この事案は，比較対象正社員は，扶養家族の有無によって異なる額の住宅手当を支給されるのに対し，契約社員Ｂは，扶養家族の有無にかかわらず，住宅手当を支給されないものとされていることや，住宅手当は従業員が実際に住宅費を負担しているか否かを問わずに支給されることからすれば，同手当は，職務内容等を離れて従業員に対する福利厚生及び生活保障（生活費補助）の趣旨で支給されるものであり，生活費補助の必要性は職務の内容等によって差異が生ずるものではなく，正社員，契約社員Ｂは，いずれも転居を伴う配転により住宅費が多額になり得るといった事情もないことを挙げています。

他方，【北日本放送事件・富山地判平成30年12月19日労経速2374号18頁】は，定年後再雇用された社員の事例ですが，住宅手当は，住宅費用の補助及び正社員の福利厚生の趣旨を持つとした上で，定年後再雇用された者に対しては住宅費補助の必要性は定年前の社員ほどには高くないこと，正社員は転勤，出向が予定されているが再雇用社員にはないことを考慮し，定年後再雇用社員に住宅手当を支給しない相違は，不合理と評価することはできないとしました。不合理性を否定した結論は長澤運輸事件最判と同じですが，労使交渉による調整給の支払いはありませんが，一方で配置の変更の範囲が異なるという，最判とは異なる事情を考慮しています。

以上のように，裁判例は，住宅手当については，その趣旨を踏まえて，配置の変更の有無，範囲，定年退職後の再雇用社員といった事情や労使交渉の経過（その他の事情）を考慮して相違の不合理性を判断しています。

③　精勤手当について

前掲【名古屋自動車学校事件】は，ハマキョウレックス事件最判と同様の理由で，有期雇用嘱託社員に対する皆勤手当（精勤手当）の不支給は不合理としました。

【前掲井関松山製造所事件】

手当の趣旨を支給基準，支給対象を踏まえて検討し，ハマキョウレックス事件最判とは異なる理由で，有期契約労働者に精勤手当を支給しない相違は不合理としました。

すなわち，当該精勤手当は，勤務日数により，明確な基準が定められ，職務内容の差異とは関連しておらず，また月給日給者にのみ支給され，月給者には支給されないことから，収入が不安定な月給日給者に対する配慮の趣旨であり，欠勤日数の影響で基本給が変動し収入が不安定となる点は月給日給者と変わりはない有期契約者（時給制）に支給しないことは不合理としました。

④　通勤手当について

【九水運輸商事事件・福岡高判平成30年９月20日】

本件通勤手当は，通勤に要する交通費を補填する趣旨であるとした上で，正社員は１カ月に出勤日の半分を超える欠勤があった場合に１万円よりも少ない金額が支給される可能性があるに過ぎない一方で，パート社員は，欠勤２日以内の場合のみ支給されるのは，不合理な労働条件に当たるとしました。他方で，新賃金規程により，正社員の通勤手当を5000円減額し，同時に職能給を１万円増額した以降は，職能給と通勤手当は別個の賃金であり，無期契約労働者の通勤手当が減額されたとしても，そのことが労契法20条に違反するものではなく，不合理な相違が継続しているとはいえないとしています。

⑤　私傷病による欠勤中の賃金について

【大阪医科薬科大学事件・大阪高判平成31年２月15労判1199号５頁】（最三小判令和２年10月13日の原審）

高裁は，相違は不合理と判断していましたが，最高裁は，比較対象正職員は，職務内容や変更の範囲においてアルバイト職員と一定の相違があること，さらに比較対象正社員は人数もごく少数にとどまり，他の大多数の正社員と職務内容や変更の範囲を異にするに至った原因として，比較対象正職員の業務内容や人員配置の見直し等のその他の事情があったこと，私傷病による欠勤中に一定期間給与ないし休職給を支払う趣旨は，上記のような職務内容等を担う正職員が長期にわたり継続して勤務するようその雇用を維持し確保することを目的とするものであるところ，アルバイト職員は長期雇用を前提としておらず，現実に原告の勤続期間も長期とはいえないことを考慮し，不合理と評価することはできないとしました。

⑥　褒賞について

【前掲メトロコマース事件・東京高判】

褒賞の趣旨は，業務の内容にかかわらず一定期間勤続した従業員に対する褒賞ということにあるので，正社員と契約社員とで変わりはないとして，勤続した契約社員に対して支給しない相違は不合理としました。判決のこの判断部分は確定しています。

⑦　早出残業手当について

【前掲メトロコマース事件・東京高判】

早出残業手当の趣旨は，時間外労働をした労働者に対しては一定額の補償をさせるとともに，その経済的負担を課すことによって時間外労働を抑制しようとする点にあり，その趣旨は契約社員にも妥当すること等を考慮すれば，契約社員に支給しない相違は不合理としました。判決のこの判断部分は確定しています。

⑧　年末年始勤務手当

【前掲日本郵便（時給制契約社員ら）事件・東京高判】，【前掲日本郵便（非正規格差）事件・大阪高判】

高裁は，年末年始手当について，同業務に従事する正社員に対し支給する一方で，時給制契約社員に対して支給しないのは不合理な相違と認められるとしていましたが，最高裁は，高裁の判断を支持し，同手当の性質や支給要件及び支給金額に照らせば，同手当を支給する趣旨は時給制契約社員にも妥当するとし，相違があることは，不合理と評価することができるとしました。（詳細は大庭浩一郎弁護士の別稿に譲ります）。

⑨　祝日給

【前掲日本郵便（非正規格差）事件・大阪高判】

高裁は，正社員に対し与えられていた年始の祝日給に相当する祝日割増賃金手当が契約社員には支給されないことを不合理とはいえないとしていましたが，最高裁では不合理であるとしました。

⑩　夜間担当手当

【学校法人Ｘ事件・京都地判平成31年２月28日】

大学の嘱託講師（有期契約かつ短時間勤務）であった原告が，夜間の授業を担当したにもかかわらず，専任教員には支給されている大学夜間勤務手当を支給されなかったのは旧労契法20条，旧パートタイム労働法８条に違反すると主張した事件です。判決は，嘱託講師と専任教員の職務内容（嘱託講師は，割り当てられた授業及びその準備に限られるのに対し，専任教員は，それ以外に学生への教育研究，学内行政等幅広い労務の提供が求められる）と配置の変更の範囲（嘱託講師は業務の変更は予定されていないが，専任教員は配置の変更が予定されている）において大きな相違が認められ，本件手当は，専任教員が日中に多岐にわたる業務を担当しつつ，さらに夜間の授業を担当することの負担に配慮する趣旨であることを踏まえると，労契法20条及びパートタイム労働法８条にいう不合理と認められるものには当たらないとしました。

⑪　裁量手当

【前掲北日本放送事件】は，専門業務型裁量労働制のもとで，原告が裁量労働制の対象者として指定を受けていない以上，期間の定めがあることに関連して相違が生じたものではないとして労契法20条違反を否定しました。パート有期雇用法８条の下では，手当の性質，趣旨から，指定を受けていない者に支給されないことは，不合理とはいえないとしてよいでしょう。

⑫　祝　金

【前掲北日本放送事件】は，祝金が，専ら会社の裁量に基づき支給されるもので，労契法20条の労働契約の内容である労働条件には当たらず，同法違反は問題とならないとしました。

（２）基本給について

【日本ビューホテル事件・東京地判平成30年11月21日労判 1197号55頁】

定年後再雇用された嘱託社員時の基本給（月給），臨時社員時の給与（時給）と定年前の賃金との相違の不合理性が問題とされた事案ですが，定年後の賃金の趣旨（長期雇用を前提とせず，年功的性格もないと同時に役職に就くことを想定していない）及び定年前の年俸の趣旨（長期雇用を前提として年功的性格を含みながら様々な役職に就くことに対応するように設計されている）を踏まえて，定年前後では，「職務内容」（担当する業務の内容及び責任の程度）が大きく異なり，「職務内容及び配置の変更の範囲」にも差異があることを考慮し，併せて「その他の事情」として，定年退職時の年俸額はその職務内容に照らすと激変緩和措置として高額に設定されていること，定年退職後の賃金額は，高年齢者雇用継続基本給付金が支給されることを組み込んでいるものであること，職務内容が近似する一般職の正社員のそれとの比較においては不合理に低いとまではいえないことなどを考慮すれば，嘱託社員の基本給や臨時社員の給与が定年退職前の給与（年俸の月額）より低額（50％～54％）であるとしても，不合理とは認められないとしました。

本件は，原告が職務の内容等が定年退職後の原告と最も類似するのは定年退職直前の原告自身であることなどから，定年退職直前の原告と比較すべきである旨主張していました（原告のように，役職定年により営業課支配人の地位を離れ，その後定年退職した者は，他にいませんでした）が，判決は，不合理性の有無の判断に当たっては，まずは，原告が措定する，有期契約労働者と無期契約労働者（役職定年後で定年退職以前の時期の原告）とを比較対照することとし，被告が主張するような他の正社員の業務内容や賃金額等は，その他の事情として，総合的に考慮し，当該労働条件の相違が当該企業の経営・人事制度上の施策として不合理なものと評価されるか否かを判断するのが相当であるとしました。

【産業医科大学事件・福岡高判平成30年11月29日】

有期契約労働者である臨時職員と無期契約労働者である正規職員との基本給の相違が不合理と認められるか問題とされた事案です。

判決は，正規職員である対照職員と臨時職員との間では，「業務の内容及び当該業務に伴う責任の程度（職務の内容）」に違いがあり，「職務の内容及び配置の各変更の範囲」にも相違があるとしましたが，「その他の事情」として，本来１か月ないし１年の短期という条件で，４年間に限り採用された臨時職員が，30年以上の長期にわたり更新されて継続雇用されているという事情及び学歴が同じ短大卒の正規職員が管理業務に携わることができる地位である主任に昇格する前の類似した業務に従事していた当時の賃金水準すら満たさず，現在では，同じ頃採用された正規職員との基本給の額に約２倍の格差が生じているという労働条件の相違は，同学歴の正規職員の主任昇格前の賃金水準を下回る３万円の限度において不合理であると評価することができ，不合理と認められるとしました。

【前掲北日本放送事件】

定年退職後，有期契約労働者として再雇用された原告（基本給は時給制）が，定年退職前の原告に相当する61歳で同じ職能等級の正社員（基本給は年齢給・職能給の月給制）を比較対象正社員とし，その基本給の相違は不合理であると主張しました。

判決は，再雇用社員と正社員は，その「職務の内容」は大きく異なり，「職務の内容及び配置の変更の範囲」も大きく異なること，原告は定年後再雇用された社員であり，定年後支給される給与に企業年金や雇用保険法に基づく給付金を加えると正社員時の基本給を上回ること，会社は再雇用社員に関する労働条件を定めるに際し組合と十分な労使協議を経て労使協定を締結し，再雇用社員就業規則を新設して基本給に関する労働条件を定めていること等の「その他の事情」を考慮すれば，正社員時と再雇用社員時の基本給に27%の差が生じているとしても不合理と評価することはできないとしました。

一方【前掲名古屋自動車学校事件】は，定年退職後，有期雇用嘱託社員となった以降も自動車学校の教習指導員として同様に勤務しており，職務内容，職務内容・配置の変更範囲に相違はなかった事案でしたが，労働の対償の中核である基本給が正社員定年退職時の基本給（この基本給自体も賃金センサスの平均賃金を下回る）を大きく下回り（45%～48.8%），若年正職員の賃金基本給をも下回るばかりか，賃金の総額も60%前後にとどまっていること，労使協議による見直しもされてないこと等を考慮すれば，嘱託職員の賃金が年功的性格を含まないこと，退職金を受給し，雇用保険から高年齢雇用継続基本給付金，老齢厚生年金（比例報酬部分）の支給を受けることができた事情を踏まえたとしても，生活保障の観点からも看過し難い水準というべきであり，正社員時の基本給の60%を下回る限度で，不合理と認められるとしました[12]。

（3）賞与について

【前掲大阪医科薬科大学事件】

高裁は，フルタイムのアルバイト社員に全く支給しないという相異について，その者の支給基準の60%を下回る支給は不合理な相違としていましたが，前記のとおり最高裁は，不合理とはいえないとしました。

【前掲井関松山製造所事件】，【井関松山ファクトリー事件・高松高判令和元年７月８日労判 1182号５頁】は，賞与は，賃金の後払，功労報奨，将来の労働に対する勤労奨励といった複合的な性質を有すると推認されるところ，無期契約労働者と有期契約労働者の間の職務の内容及び配置の変更の範囲には相違があり，将来，職制である組長に就任したり，組長を補佐する立場になったりする可能性がある無期契約労働者に対してより高額な賞与を支給することで，有為な人材の獲得とその定着を図ることにも一定の合理性が認められること，登用制度があること等を総合して勘案すると，相違が不合理なものであるとまでは認められないとしました。

【前掲メトロコマース事件】

判決は，賞与の性格について，主として対象期間中の労務の対価の後払いの性格及び従業員の意欲向上策としての性格を有すること，長期雇用を前提とする正社員に対し賞与の支給を手厚くすることにより有為な人材の獲得・定着を図るという人事施策上の目的にも一定の合理性が認められること，比較対象正社員の労働条件については，組織再編等に起因する事情があったことや正社員登用制度の存在等のその他の事情を踏まえ，賞与支給額の相違を不合理とはいえないとしました。判決のこの判断部分は確定しています。

また，【前掲北日本放送事件】は，定年退職後再雇用された社員に対しては賞与の支給がなく，寸志の支給がされるのみであり，平成27年度の正社員当時の賞与額は

12　長澤運輸事件最判も同じ定年後再雇用で，職務内容，職務内容・配置の変更範囲が同一の事案でしたが，対応する賃金の差が２～12%少ない額にとどまっていることや，団体交渉を経て調整給の支給や一定の賃金の配慮もされていることから相異は不合理と評価できないとしています。

225万円余りで賞与不支給による年収の差異は相当程度大きいものがありましたが，賞与が労務の対価の後払い，功労報償，生活費の補助，労働者の意欲向上といった多様な趣旨を含むものであり，定年後再雇用された社員の職務の内容等が正社員とは大きく異なることを考慮すれば相違は不合理であるということはできず，さらに十分に労使協議が行われた結果を尊重する必要性や退職金として，2,138万円余りの支給を受けていること，給付金や企業年金を合わせて年収を500万円程度にするように配慮がされていることを総合的に考慮すれば，相違は不合理であると評価することはできないとしました。

【前掲名古屋自動車学校事件】

前記基本給で考慮した諸要素を考慮し，労働者の生活保障という観点も踏まえ，基本給を正社員の60％の金額であるとして，それに正社員の賞与の調整率を乗じた結果を下回る限度で不合理としました。

（4）退職金について

【前掲メトロコマース事件】

正社員に対しては退職金を支給する一方で，契約社員Ｂに対しては全く支給しない相違は，契約社員に対し，正社員と同一の基準に基づいて算定した額の少なくとも４分の１すら一切支給しない限度で不合理としていましたが，最高裁は，前記のとおり，不合理と評価することはできないとしました。（詳細は大庭浩一郎弁護士の別稿に譲ります）。

（5）休暇等

①　病気休暇

【前掲日本郵便（時給制契約社員ら）事件】

高裁は，正社員に対し有給の病気休暇を与える一方で，時給制契約社員に対して無給の休暇のみを与えるのは不合理な相違と認められるとしていましたが，最高裁は，高裁の判断を支持し，私傷病による病気休暇について，当該休暇の目的，趣旨及び時給制契約社員についても更新により相応の継続的な勤務が見込まれることを踏まえれば，職務の内容及び配置の変更の範囲その他の事情につき相応の相違があることを考慮しても，日数に相違を設けるのはともかく，有給とするか無給とするかにつき相違があることは，不合理と評価することができるとしました。（詳細は大庭浩一郎弁護士の別稿に譲ります）。

②　夏期冬期休暇

【前掲日本郵便（時給制契約社員ら）事件・東京高判】，【前掲日本郵便（非正規格差）事件・大阪高判】，【日本郵便（時給制契約社員）事件・福岡高判平成30年５月24日労経速2352号３頁】

福岡高裁判決は，相違を不合理とするとともに損害の発生を認めて請求を認めていましたが，東京高裁，大阪高裁は，相違は不合理と認められるとしたものの，損害が発生していないとして請求を棄却していました。今回最高裁は，本来休暇が与えられるべきであったにも関わらず勤務せざるを得なかった日数分の財産的損害が発生しているとして請求を認めました（詳細は大庭浩一郎・岩元昭博弁護士の別稿に譲ります）。

7　労働協約，就業規則で非正規労働者の待遇を規定する際の注意点～集団的労働関係法（労組法16条，17条）と個別的労働関係法（パート有期法８条，９条等）の交錯

（１）【前掲北日本放送事件】判決は，定

年後再雇用労働者の賃金その他の待遇の相違について，使用者が労働組合と労使協議を尽くして労働協約を締結し，再雇用社員就業規則を規定した事案でした。判決を見る限り，この事件では裁判上の主な争点とはならなかったようですが，今後は，高年齢者雇用安定法の改正に伴う70歳までの就業機会確保の措置を実施するに際し，定年後再雇用時の労働条件その他の待遇を決める上で，パート有期法上の適法性とともに，労働協約，就業規則の労組法上，労契法上の効力が問題となると思われます。

この場合は，再雇用社員と正社員の間の均衡原則(パート有期法８条)，均等原則(９条）が問題となるとともに，再雇用社員の待遇を規定する組合との労働協約の規範的効力（労組法16条），一般的拘束力（同法17条）の有無，使用者の作成（労契法７条)・変更（同法10条）する就業規則の効力（合理性）が問題となり得ます。

(2) パート有期法８条の「不合理な相違」とは認められない事情，９条の「差別的取扱い」とならない正当な理由が吟味される際には，いずれも，職務内容及び変更の範囲とともに，その他の事情（正当な理由）として処遇格差の内容，程度等とともに労使交渉の経緯が（定年後再雇用の場合は，退職一時金や企業年金の支給の有無，内容も）考慮されます。一方，労組法16条で労働協約の規範的効力を一部の組合員（例えば組合員である再雇用社員）に特に不利益に及ぼすことの可否を判断する際には，これまでは，手続的な瑕疵がない限り，協約締結の経緯，会社の経営状況，協約基準の全体の合理性等に照らし，特定又は一部の組合員を殊更不利益に取り扱うことを目的として締結されたなど労働組合の目的を逸脱して締結されたものと評価される（いわば多数決の濫用といえるような）場合に，（極めて）例外的に協約の規範的効力を否定すべきとされてきました[13]。また，労組法17条に基づき非組合員である再雇用社員に不利益に規範的効力を拡張する場合には，「著しく不合理」と認められる特段の事情がないかが吟味されるとされてきました[14]。就業規則の変更手続きを行うに際しては，不利益の程度，変更の必要性，内容の相当性とともに，労働組合等との交渉の状況が総合的に考慮され，合理的な変更ということができるか判断されます。

紙幅の関係上，詳しい説明はできませんが，従来は一部の組合員や非組合員に不利益な労働協約や就業規則は上記のような枠組みで判断されてきましたが，今後は，パート有期雇用労働者と正社員に相違のある待遇を労働協約等で規定する場合には，パート有期法８条，９条の均衡・均等原則が私法上の効力（強行的効力）を有することを十分考慮して，公正な利益調整に努めるとともに，内容的にも著しく不合理と評価されないように注意する必要があります[15]。

13　朝日火災海上保険（石堂）事件・最一小判平成９年３月27日
14　朝日火災海上保険（高田）事件・最三小判平成８年３月26日
15　前掲菅野943頁は，「均等・均衡待遇原則が法定ルールとして確立し，労働組合もそれへの対応を要請されている今日では，事業場の一般的拘束力の有無を判断するうえでの事実関係も異なるものとなっていくと考えられる。」としている。

資料編／最高裁判決文（全文）

1 大阪医科薬科大学事件（令和２年10月13日　第三小法廷判決）

2 メトロコマース事件（令和２年10月13日　第三小法廷判決）

3 日本郵便・佐賀事件（令和２年10月15日　第一小法廷判決）

4 日本郵便・東京事件（令和２年10月15日　第一小法廷判決）

5 日本郵便・大阪事件（令和２年10月15日　第一小法廷判決）

資料1

大阪医科薬科大学事件

令和元年（受）第1055号，第1056号
地位確認等請求事件
令和２年10月13日　第三小法廷判決

主　文

1　第１審被告の上告に基づき，原判決を次のとおり変更する。

第１審判決を次のとおり変更する。

(1)　第１審被告は，第１審原告に対し，５万5,110円及びこれに対する平成28年４月29日から支払済みまで年５分の割合による金員を支払え。

(2)　第１審原告のその余の請求を棄却する。

2　第１審原告の上告を棄却する。

3　訴訟の総費用は，これを250分し，その１を第１審被告の負担とし，その余を第１審原告の負担とする。

理　由

令和元年（受）第1055号上告代理人谷村和治ほかの上告受理申立て理由及び同第1056号上告代理人鎌田幸夫ほかの上告受理申立て理由（ただし，いずれも排除されたものを除く。）について

1　本件は，第１審被告と期間の定めのある労働契約（以下「有期労働契約」という。）を締結して勤務していた第１審原告が，期間の定めのない労働契約（以下「無期労働契約」という。）を締結している正職員と第１審原告との間で，賞与，業務外の疾病（以下「私傷病」という。）による欠勤中の賃金等に相違があったことは労働契約法20条（平成30年法律第71号による改正前のもの。以下同じ。）に違反するものであったとして，第１審被告に対し，不法行為に基づき，上記相違に係る賃金に相当する額等の損害賠償を求める事案である。

2　原審の適法に確定した事実関係等の概要は，次のとおりである。

(1)ア　第１審被告は，大阪医科大学（以下「本件大学」という。），同大学附属病院等を運営している学校法人であり，平成28年４月１日，学校法人大阪薬科大学と合併した（合併前の名称は学校法人大阪医科大学）。

イ　第１審原告は，平成25年１月29日，第１審被告との間で契約期間を同年３月31日までとする有期労働契約を締結し，アルバイト職員として勤務した。その後，第１審原告は，契約期間を１年として上記契約を３度にわたって更新し，平成28年３月31日をもって退職した。なお，第１審原告は，平成27年３月に適応障害と診断され，同月９日から上記の退職日まで出勤せず，同年４月から５月にかけての約１か月間は年次有給休暇を取得した扱いとなり，その後は欠勤扱いとなった。

(2)ア　第１審原告が在籍した当時，第１審被告には，事務系の職員として正職員，契約職員，アルバイト職員及び嘱託職員が存在したが，このうち無期労働契約を締結している職員は正職員のみであった。また，正職員と契約職員は月給制，嘱託職員は月給制又は年俸制であった。これ

に対し，アルバイト職員は時給制であり，このうち正職員と同一の所定労働時間（以下「フルタイム」という。）である者の数は４割程度であり，短時間勤務の者の方が多かった。平成27年３月時点において，第１審被告の全職員数は約2,600名であり，このうち事務系の職員は，正職員が約200名，契約職員が約40名，アルバイト職員が約150名，嘱託職員が10名弱であった。

イ　第１審原告が在籍した当時，正職員には，学校法人大阪医科大学就業規則（以下「正職員就業規則」という。）のほか，就業規則の性質を有する学校法人大阪医科大学給与規則（以下「正職員給与規則」という。）及び学校法人大阪医科大学休職規程（以下「正職員休職規程」という。）が適用されていた。これらの規則等に基づき，正職員には，基本給，賞与，年末年始及び創立記念日の休日における賃金，年次有給休暇（正職員就業規則の定める日数），夏期特別有給休暇，私傷病による欠勤中の賃金並びに附属病院の医療費補助措置が支給又は付与されていた。正職員給与規則上，基本給は，採用時の正職員の職種，年齢，学歴，職歴等をしんしゃくして決定するものとされ，勤務成績を踏まえ勤務年数に応じて昇給するものとされていた。また，賞与に関しては，第１審被告が必要と認めたときに臨時又は定期の賃金を支給すると定められているのみであった。

上記の当時，アルバイト職員には，学校法人大阪医科大学アルバイト職員就業内規（以下「アルバイト職員就業内規」という。）が適用されていた。アルバイト職員就業内規に基づき，アルバイト職員には，時給制による賃金の支給及び労働基準法所定の年次有給休暇の付与がされていたが，賞与，年末年始及び創立記念日の休日における賃金，その余の年次有給休暇，夏期特別有給休暇，私傷病による欠勤中の賃金並びに附属病院の医療費補助措置は支給又は付与されていなかった。アルバイト職員就業内規上，賃金は，職種の変更等があった場合に時給単価を変更するものとされ，昇給の定めはなかった。

(3)ア　正職員は，本件大学や附属病院等のあらゆる業務に携わり，その業務の内容は，配置先によって異なるものの，総務，学務，病院事務等多岐に及んでいた。正職員が配置されている部署においては，定型的で簡便な作業等ではない業務が大半を占め，中には法人全体に影響を及ぼすような重要な施策も含まれ，業務に伴う責任は大きいものであった。また，正職員就業規則上，正職員は，出向や配置換え等を命ぜられることがあると定められ，人材の育成や活用を目的とした人事異動が行われており，平成25年１月から同27年３月までの間においては約30名の正職員がその対象となっていた。

一方，アルバイト職員は，アルバイト職員就業内規上，雇用期間を１年以内とし，更新する場合はあるものの，その上限は５年と定められており，その業務の内容は，定型的で簡便な作業が中心であった。また，アルバイト職員については，アルバイト職員就業内規上，他部門への異動を命ずることがあると定められていたが，業務の内容を明示して採用されていることもあり，原則として業務命令によって他の部署に配置転換されることはなく，人事異動は例外的かつ個別的な事情によるものに限られていた。なお，契約職員は正職員に準ずるものとされ，第１審被告において，業務の内容の難度や責任の程度は，高いものから順に，正職員，嘱託職員，契約職員，アルバイト職員とされていた。

イ　第１審被告においては，アルバイト職員から契約職員，契約職員から正職員への試験による登用制度が設けられていた。前者については，アルバイト職員のうち，１年以上の勤続年数があり，所属長の推薦を受けた者が受験資格を有するものとされ，受験資格を有する者のうち３～５割程度の者が受験していた。平成25年から同27年までの各年においては16～30名が受験し，うち５～19名が合格した。また，後者については，平成25年から同27年までの各年において７～13名が合格した。

⑷ア　本件大学には，診療科を持たない基礎系の教室として，生理学，生化学，薬理学，病理学等の８教室が設置され，教室事務を担当する職員（以下「教室事務員」という。）が１，２名ずつ配置されており，平成11年当時，正職員である教室事務員が９名配置されていた。教室事務員については，その業務の内容の過半が定型的で簡便な作業等であったため，第１審被告は，平成13年頃から正職員を配置転換するなどしてアルバイト職員に置き換え，同25年４月から同27年３月までの当時，正職員は４名のみであった。これらの正職員のうち３名は教室事務員以外の業務に従事したことはなかったところ，正職員が配置されていた教室では，学内の英文学術誌の編集事務や広報作業，病理解剖に関する遺族等への対応や部門間の連携を要する業務又は毒劇物等の試薬の管理業務等が存在しており，第１審被告が，アルバイト職員ではなく，正職員を配置する必要があると判断していたものであった。

イ　第１審原告が平成25年１月に締結した有期労働契約では，就業場所は本件大学薬理学教室，主な業務の内容は薬理学教室内の秘書業務，賃金は時給950円であった。同契約は，同年４月以降に３度にわたって更新され，その際，時給単価が若干増額されることがあった。もっとも，具体的な職務の内容に特段の変更はなく，その業務の内容は，所属する教授や教員，研究補助員のスケジュール管理や日程調整，電話や来客等の対応，教授の研究発表の際の資料作成や準備，教授が外出する際の随行，教室内における各種事務（教員の増減員の手続，郵便物の仕分けや発送，研究補助員の勤務表の作成や提出，給与明細書の配布，駐車券の申請等），教室の経理，備品管理，清掃やごみの処理，出納の管理等であった。また，第１審原告の所定労働時間はフルタイムであった。そして，第１審被告は，第１審原告が多忙であると強調していたことから，第１審原告が欠勤した際の後任として，フルタイムの職員１名とパートタイムの職員１名を配置したが，恒常的に手が余っている状態が続いたため，１年ほどのうちにフルタイムの職員１名のみを配置することとした。

⑸ア　第１審原告の平成25年４月から同26年３月までの賃金の平均月額は14万9,170円であり，同期間を全てフルタイムで勤務したとすると，その賃金は月額15～16万円程度であった。これに対し，平成25年４月に新規採用された正職員の初任給は19万2,570円であり，第１審原告と同正職員との間における賃金（基本給）には２割程度の相違があった。

イ　第１審被告においては，正職員に対し，年２回の賞与が支給されていた。平成26年度では，夏期が基本給2.1か月分＋２万3,000円，冬期が同2.5か月分＋２万4,000円，平成22，23及び25年度では，いずれも通年で基本給4.6か月分の額が支給されており，その支給額は通年で同4.6か月分が一応の基準となっていた。また，契約職員には正職員の約80％の賞与が支給されていた。これに対し，アルバイト職員には賞与は支給されていなかった。なお，アルバイト職員である第１審原告に対する年間の支給額は，平成25年４月に新規採用された正職員の基本給及び賞与の合計額の55％程度の水準であった。

ウ　第1審被告においては，正職員が私傷病で欠勤した場合，正職員休職規程により，6か月間は給料月額の全額が支払われ，同経過後は休職が命ぜられた上で休職給として標準給与の2割が支払われていた。これに対し，アルバイト職員には欠勤中の補償や休職制度は存在しなかった。

3　原審は，上記事実関係等の下において，要旨次のとおり判断し，第1審原告の賞与及び私傷病による欠勤中の賃金に係る損害賠償請求を一部認容した。

⑴　第1審被告の正職員に対する賞与は，その支給額が基本給にのみ連動し，正職員の年齢や成績のほか，第1審被告の業績にも連動していない。そうすると，上記賞与は，正職員としてその算定期間に在籍し，就労していたことの対価としての性質を有するから，同期間に在籍し，就労していたフルタイムのアルバイト職員に対し，賞与を全く支給しないことは不合理である。そして，正職員に対する賞与には付随的に長期就労への誘因という趣旨が含まれることや，アルバイト職員の功労は正職員に比して相対的に低いことが否めないことに加え，契約職員には正職員の約80％の賞与が支給されていることに照らすと，第1審原告につき，平成25年4月に新規採用された正職員と比較し，その支給基準の60％を下回る部分の相違は不合理と認められるものに当たる。

⑵　第1審被告における私傷病による欠勤中の賃金は，正職員として長期にわたり継続して就労したことに対する評価又は将来にわたり継続して就労することに対する期待から，その生活保障を図る趣旨であると解される。そうすると，フルタイムで勤務し契約を更新したアルバイト職員については，職務に対する貢献の度合いも相応に存し，生活保障の必要があることも否定し難いから，欠勤中の賃金を一切支給しないことは不合理である。そして，アルバイト職員の契約期間は原則1年であり，当然に長期雇用が前提とされているものではないことに照らすと，第1審原告につき，欠勤中の賃金のうち給料1か月分及び休職給2か月分を下回る部分の相違は不合理と認められるものに当たる。

4　しかしながら，原審の上記判断はいずれも是認することができない。その理由は，次のとおりである。

⑴　賞与について

ア　労働契約法20条は，有期労働契約を締結した労働者と無期労働契約を締結した労働者の労働条件の格差が問題となっていたこと等を踏まえ，有期労働契約を締結した労働者の公正な処遇を図るため，その労働条件につき，期間の定めがあることにより不合理なものとすることを禁止したものであり，両者の間の労働条件の相違が賞与の支給に係るものであったとしても，それが同条にいう不合理と認められるものに当たる場合はあり得るものと考えられる。もっとも，その判断に当たっては，他の労働条件の相違と同様に，当該使用者における賞与の性質やこれを支給することとされた目的を踏まえて同条所定の諸事情を考慮することにより，当該労働条件の相違が不合理と評価することができるものであるか否かを検討すべきものである。

イ㋐　第1審被告の正職員に対する賞与は，正職員給与規則において必要と認めたときに支給すると定められているのみであり，基本給とは別に支給される一時金として，その算定期間における財務状況等を踏まえつつ，その都度，第1審被告により支給の有無や支給基準が決定されるものである。また，上記賞与は，通年で基本給の4.6か月分が一応の支給基準となっており，その支給実績に照らすと，第1審被告の業績に連動するものではなく，算定期間における労務の対価の後払いや一律の功労報償，将来の労働意欲の向上等の趣旨を含むものと認められる。そして，正職員の基本給については，勤務成績を踏まえ勤務年数に応じて昇給するものとされており，勤続年数に伴う職務遂行能力の向上に応じた職能給の性格を有するものといえる上，おおむね，業務の内容の難度や責任の程度が高く，人材の育成や活用を目的とした人事異動が行われていたものである。このような正職員の賃金体系や求められる職務遂行能力及び責任の程度等に照らせば，第１審被告は，正職員としての職務を遂行し得る人材の確保やその定着を図るなどの目的から，正職員に対して賞与を支給することとしたものといえる。

(イ) そして，第１審原告により比較の対象とされた教室事務員である正職員とアルバイト職員である第１審原告の労働契約法20条所定の「業務の内容及び当該業務に伴う責任の程度」（以下「職務の内容」という。）をみると，両者の業務の内容は共通する部分はあるものの，第１審原告の業務は，その具体的な内容や，第１審原告が欠勤した後の人員の配置に関する事情からすると，相当に軽易であることがうかがわれるのに対し，教室事務員である正職員は，これに加えて，学内の英文学術誌の編集事務等，病理解剖に関する遺族等への対応や部門間の連携を要する業務又は毒劇物等の試薬の管理業務等にも従事する必要があったのであり，両者の職務の内容に一定の相違があったことは否定できない。また，教室事務員である正職員については，正職員就業規則上人事異動を命ぜられる可能性があったのに対し，アルバイト職員については，原則として業務命令によって配置転換されることはなく，人事異動は例外的かつ個別的な事情により行われていたものであり，両者の職務の内容及び配置の変更の範囲（以下「変更の範囲」という。）に一定の相違があったことも否定できない。

さらに，第１審被告においては，全ての正職員が同一の雇用管理の区分に属するものとして同一の就業規則等の適用を受けており，その労働条件はこれらの正職員の職務の内容や変更の範囲等を踏まえて設定されたものといえるところ，第１審被告は，教室事務員の業務の内容の過半が定型的で簡便な作業等であったため，平成13年頃から，一定の業務等が存在する教室を除いてアルバイト職員に置き換えてきたものである。その結果，第１審原告が勤務していた当時，教室事務員である正職員は，僅か４名にまで減少することとなり，業務の内容の難度や責任の程度が高く，人事異動も行われていた他の大多数の正職員と比較して極めて少数となっていたものである。このように，教室事務員である正職員が他の大多数の正職員と職務の内容及び変更の範囲を異にするに至ったことについては，教室事務員の業務の内容や第１審被告が行ってきた人員配置の見直し等に起因する事情が存在したものといえる。また，アルバイト職員については，契約職員及び正職員へ段階的に職種を変更するための試験による登用制度が設けられていたものである。これらの事情については，教室事務員である正職員と第１審原告との労働条件の相違が不合理と認められるものであるか否かを判断するに当たり，労働契約法20条所定の「その他の事情」（以下，職務の内容及び変更の範囲と併せて「職務の内容等」という。）として考慮するのが相当である。

(ウ) そうすると，第１審被告の正職員に対する賞与の性質やこれを支給する目的を踏まえて，教室事務員である正職員とアルバイト職員の職務の内容等を考慮すれば，正職員に対する賞与の支給額がおおむね通年で基本給の4.6か月分であり，そこに労務の対価の後払いや一律の功労報償の趣旨が含まれることや，正職員に準ずるものとされる契約職員に対して正職員の約80％に相当する賞与が支給されていたこと，アルバイト職員である第１審原告に対する年間の支給額が平成25年４月に新規採用された正職員の基本給及び賞与の合計額と比較して55％程度の水準にとどまることをしんしゃくしても，教室事務員である正職員と第１審原告との間に賞与に係る労働条件の相違があることは，不合理であるとまで評価することができるものとはいえない。

ウ　以上によれば，本件大学の教室事務員である正職員に対して賞与を支給する一方で，アルバイト職員である第１審原告に対してこれを支給しないという労働条件の相違は，労働契約法20条にいう不合理と認められるものに当たらないと解するのが相当である。

⑵　私傷病による欠勤中の賃金について

第１審被告が，正職員休職規程において，私傷病により労務を提供することができない状態にある正職員に対し給料（６か月間）及び休職給（休職期間中において標準給与の２割）を支給することとしたのは，正職員が長期にわたり継続して就労し，又は将来にわたって継続して就労することが期待されることに照らし，正職員の生活保障を図るとともに，その雇用を維持し確保するという目的によるものと解される。このような第１審被告における私傷病による欠勤中の賃金の性質及びこれを支給する目的に照らすと，同賃金は，このような職員の雇用を維持し確保することを前提とした制度であるといえる。

そして，第１審原告により比較の対象とされた教室事務員である正職員とアルバイト職員である第１審原告の職務の内容等をみると，前記⑴のとおり，正職員が配置されていた教室では病理解剖に関する遺族等への対応や部門間の連携を要する業務等が存在し，正職員は正職員就業規則上人事異動を命ぜられる可能性があるなど，教室事務員である正職員とアルバイト職員との間には職務の内容及び変更の範囲に一定の相違があったことは否定できない。さらに，教室事務員である正職員が，極めて少数にとどまり，他の大多数の正職員と職務の内容及び変更の範囲を異にするに至っていたことについては，教室事務員の業務の内容や人員配置の見直し等に起因する事情が存在したほか，職種を変更するための試験による登用制度が設けられていたという事情が存在するものである。

そうすると，このような職務の内容等に係る事情に加えて，アルバイト職員は，契約期間を１年以内とし，更新される場合はあるものの，長期雇用を前提とした勤務を予定しているものとはいい難いことにも照らせば，教室事務員であるアルバイト職員は，上記のように雇用を維持し確保することを前提とする制度の趣旨が直ちに妥当するものとはいえない。また，第１審原告は，勤務開始後２年余りで欠勤扱いとなり，欠勤期間を含む在籍期間も３年余りにとどまり，その勤続期間が相当の長期間に及んでいたとはいい難く，第１審原告の有期労働契約が当然に更新され契約期間が継続する状況にあったことをうかがわせる事情も見当たらない。したがって，教室事務員である正職員と第１審原告との間に私傷病による欠勤中の賃金に係る労働条件の相違があることは，不合理であると評価することができるものとはいえない。

以上によれば，本件大学の教室事務員である正職員に対して私傷病による欠勤中の賃金を支給する一方で，アルバイト職員である第１審原告に対してこれを支給しないという労働条件の相違は，労働契約法20条にいう不合理と認められるものに当たらないと解するのが相当である。

5　以上と異なる原審の前記判断には，判決に影響を及ぼすことが明らかな法令の違反がある。この点に関する第１審被告の論旨は理由があり，他方，第１審原告の論旨は理由がなく，第１審原告の賞与及び私傷病による欠勤中の賃金に関する損害賠償請求は理由がないから棄却すべきである。そして，同請求に関する部分以外については，第１審原告及び第１審被告の各上告受理申立て理由が上告受理の決定においてそれぞれ排除された。以上によれば，第１審原告の請求は，夏期特別有給休暇の日数分の賃金に相当する損害金５万0,110円及び弁護士費用相当額5,000円の合計５万5,110円並びにこれに対する遅延損害金の支払を求める限度で理由があるから，これを認容すべきであり，その余は理由がないから棄却すべきである。したがって，原判決中，第１審被告敗訴部分のうち上記の金額を超える部分は破棄を免れず，第１審被告の上告に基づき，これを主文第１項のとおり変更することとし，また，第１審原告の上告は棄却すべきである。

よって，裁判官全員一致の意見で，主文のとおり判決する。

（裁判長裁判官　宮崎裕子　裁判官　戸倉三郎　裁判官　林　景一　裁判官　宇賀克也　裁判官　林　道晴）

資料２

メトロコマース事件

令和元年（受）第1190号，第1191号
損害賠償等請求事件
令和２年10月13日 第三小法廷判決

主　文

1　第１審被告の上告に基づき，原判決主文第２項を次のとおり変更する。

第１審判決中，第１審原告Ｘ１及び第１審原告Ｘ２に関する部分を次のとおり変更する。

⑴　第１審被告は，第１審原告Ｘ１に対し，33万0,880円及びうち原判決別紙「控訴人Ｘ１の差額一覧」記載の各金員に対する各日から，うち３万0,080円に対する平成26年５月１日から各支払済みまで年５分の割合による金員を支払え。

⑵　第１審被告は，第１審原告Ｘ２に対し，17万6,440円及びうち原判決別紙「控訴人Ｘ２の差額一覧」記載の各金員に対する各日から，うち１万6,040円に対する平成26年５月１日から各支払済みまで年５分の割合による金員を支払え。

⑶　第１審原告Ｘ１及び第１審原告Ｘ２のその余の請求をいずれも棄却する。

2　第１審原告らの上告を棄却する。

3　訴訟の総費用のうち，第１審被告と第１審原告Ｘ１との間で生じたものはこれを40分し，その１を第１審被告の負担とし，その余を第１審原告Ｘ１の負担とし，第１審被告と第１審原告Ｘ２との間で生じたものはこれを200分し，その３を第１審被告の負担とし，その余を第１審原告Ｘ２の負担とする。

理　由

令和元年（受）第1190号上告代理人髙橋一郎，同近衛大，同河本みま乃の上告受理申立て理由及び同第1191号上告代理人滝沢香ほかの上告受理申立て理由（ただし，いずれも排除されたものを除く。）について

1　本件は，第１審被告と期間の定めのある労働契約（以下「有期労働契約」という。）を締結して東京地下鉄株式会社（以下「東京メトロ」という。）の駅構内の売店における販売業務に従事していた第１審原告らが，第１審被告と期間の定めのない労働契約（以下「無期労働契約」という。）を締結している労働者のうち上記業務に従事している者と第１審原告らとの間で，退職金等に相違があったことは労働契約法20条（平成30年法律第71号による改正前のもの。以下同じ。）に違反するものであったなどと主張して，第１審被告に対し，不法行為等に基づき，上記相違に係る退職金に相当する額等の損害賠償等を求める事案である。

2　原審の適法に確定した事実関係等の概要は，次のとおりである。

⑴ア　第１審被告は，東京メトロの完全子会社であって，東京メトロの駅構内における新聞，飲食料品，雑貨類等の物品販売，入場券等の販売，鉄道運輸事業に係る業務の受託等の事業を行う株式会社である。第１審被告の平成25年７月１日当時の従業員数は848名であった。

なお，第１審被告は，平成12年10月，営団地下鉄グループの関連会社等の再編成に伴い，売店事業を行っていた財団法人地下鉄互助会（以下「互助会」という。）から売店等の物販事業に関する営業を譲り受けるなどした。

イ　第１審原告らは，いずれも高等学校等を卒業した後，社会人生活を経て，第１審原告Ｘ２は平成16年４月，第１審原告Ｘ１は同年８月，それぞれ後記⑵エの契約社員Ｂとして第１審被告に採用され，契約期間を１年以内とする有期労働契約の更新を繰り返しながら，東京メトロの駅構内の売店における販売業務に従事していた。第１審原告Ｘ２については平成26年３月31日，第１審原告Ｘ１については同27年３月31日，いずれも65歳に達したことにより上記契約が終了した。

⑵ア　第１審被告は，本社に経営管理部，総務部，リテール事業本部及びステーション事業本部を設けており，リテール事業本部は基幹事業としてメトロス事業所を管轄し，同事業所が東京メトロの駅構内の売店を管轄している。平成26年４月当時，第１審被告の経営する売店110店舗のうち，56店舗は第１審被告の直営する売店ＭＥＴＲＯ’Ｓ（以下，単に「売店」といい，売店における販売業務を「売店業務」という。）であり，その他の店舗は他社に業務を委託していた。その後，売上高の大きな割合を占めていた新聞及び雑誌の売上高の減少による不採算店舗の閉鎖や大手コンビニエンスストアとの提携によるコンビニ型店舗の展開等により，売店数は，平成27年８月時点で42店舗，同28年３月時点で25店舗にそれぞれ減少し，他方，コンビニ型店舗は平成28年度までに27店舗が開業するなどした。

第１審被告においては，従業員は，社員（以下「正社員」という。），契約社員Ａ（平成28年４月に職種限定社員に変更）及び契約社員Ｂという名称の雇用形態の区分が設けられ，それぞれ適用される就業規則が異なっていた。

イ　正社員は，無期労働契約を締結した労働者であり，定年は65歳であった。正社員は，本社の経営管理部，総務部，リテール事業本部及びステーション事業本部の各部署に配置されるほか，各事業本部が所管するメトロス事業所，保守管理事業所，ストア・ショップ事業所等に配置される場合や関連会社に出向する場合もあった。平成25年度から同28年度までにおける第１審被告の正社員（同年度につ

いては職種限定社員を含む。）は560～613名であり，うち売店業務に従事していた者は15～24名であった。なお，第1審被告は，東京メトロから57歳以上の社員を出向者として受け入れ，60歳を超えてから正社員に切り替える取扱いをしているが，上記出向者は売店業務に従事していない。

正社員の労働時間は，本社では1日7時間40分（週38時間20分），売店勤務では1日7時間50分（週39時間10分）であり，職務の限定はなかった。また，正社員は，業務の必要により配置転換，職種転換又は出向を命ぜられることがあり，正当な理由なく，これを拒むことはできなかった。

ウ　契約社員Aは，主に契約期間を1年とする有期労働契約を締結した労働者である。同期間満了後は原則として契約が更新され，就業規則上，定年（更新の上限年齢をいう。以下同じ。）は65歳と定められていた。契約社員Aは，契約社員Bのキャリアアップの雇用形態として位置付けられ，本社の経営管理部施設課，メトロス事業所及びストア・ショップ事業所以外には配置されていなかった。なお，平成28年4月，契約社員Aの名称は職種限定社員に改められ，その契約は無期労働契約に変更された。

エ　契約社員Bは，契約期間を1年以内とする有期労働契約を締結した労働者であり，一時的，補完的な業務に従事する者をいうものとされていた。同期間満了後は原則として契約が更新され，就業規則上，定年は65歳と定められていた。なお，契約社員Bの新規採用者の平均年齢は約47歳であった。

契約社員Bの労働時間は，大半の者が週40時間と定められていた。契約社員Bは，業務の場所の変更を命ぜられることはあったが，業務の内容に変更はなく，正社員と異なり，配置転換や出向を命ぜられることはなかった。

オ　第1審原告らの就業場所は，リテール事業本部メトロス事業所管轄ＭＥＴＲＯ'Ｓ売店，従事する業務の種類は，売店における販売及びその付随業務であり，労働時間は，1日8時間以内（週40時間以内）であった。

(3)ア　正社員の賃金は月給制であり，月例賃金は基準賃金と基準外賃金から成り，昇格及び昇職制度が設けられていた。基準賃金は，本給，資格手当又は成果手当，住宅手当及び家族手当により，基準外賃金は，年末年始勤務手当，深夜労働手当，早出残業手当，休日労働手当，通勤手当等により，それぞれ構成されていた。本給は年齢給及び職務給から成り，前者は，18歳の5万円から始まり，1歳ごとに1,000円増額され，40歳以降は一律7万2,000円であり，後者は，三つの職務グループ（スタッフ職，リーダー職，マネージャー職）ごとの資格及び号俸により定められ，その額は10万8,000円から33万7,000円までであった。

正社員には，年2回の賞与及び退職金が支給されていた。賞与は，平成25年度から同29年度までの各回の平均支給実績として，本給の2か月分に17万6,000円を加算した額が支給された。退職金は，第1審被告の作成した退職金規程により，計算基礎額である本給に勤続年数に応じた支給月数を乗じた金額を支給するものと定められていた。

イ　契約社員Aの賃金は月給制であり，月例賃金額は16万5,000円（本給）であった。これに加えて，深夜労働手当，早出残業手当，休日労働手当，早番手当，通勤手当その他の諸手当が支給され，本人の勤務成績等による昇給制度が設けられていた。

契約社員Aには，年2回の賞与（年額59万4,000円）が支給されていたが，退職金は支給しないと定められていた。なお，契約社員Aについては，平成28年4月に職種限定社員に名称が改められ，その契約が無期労働契約に変更された際に，退職金制度が設けられた。

ウ　契約社員Bの賃金は時給制の本給及び諸手当から成っていた。本給は，時間給を原則とし，業務内容，技能，経験，業務遂行能力等を考慮して個別に定めるものとされており，第1審原告らが入社した当時は一律1,000円であったが，平成22年4月以降，毎年10円ずつ昇給するものとされた。諸手当は，年末年始出勤手当，深夜労働手当，早出残業手当，休日労働手当，通勤手当，早番手当，皆勤手当等であり，資格手当又は成果手当，住宅手当及び家族手当は支給されていなかった。

契約社員Bには，年2回の賞与（各12万円）が支給されていたが，退職金は支給しないと定められていた。

エ　第1審被告においては，業務上特に顕著な功績があった従業員に対し，褒賞を行うものとされていたが，正社員には，勤続10年及び定年退職時に金品が支給されていたのに対し，契約社員A及び契約社員Bには，これらが支給されていなかった。

⑷ア　平成27年1月当時，売店業務に従事する従業員は合計110名であり，その内訳は，正社員が18名，契約社員Aが14名，契約社員Bが78名であった。このうち正社員は，互助会において売店業務に従事し，平成12年の関連会社等の再編成の後も引き続き第1審被告の正社員として売店業務に従事している者と，後記⑸の登用制度により契約社員Bから契約社員Aを経て正社員になった者とが，約半数ずつでほぼ全体を占めていた。なお，その後，上記の互助会の出身者が他の部署に異動したことがあったほか，平成28年3月には，売店業務に従事する従業員が合計56名に減少し，このうち正社員は4名となった。

イ　販売員が固定されている売店における業務の内容は，売店の管理，接客販売，商品の管理，準備及び陳列，伝票及び帳票類の取扱い，売上金等の金銭取扱い，その他付随する業務であり，これらは正社員，契約社員A及び契約社員Bで相違することはなかった。もっとも，正社員は，販売員が固定されている売店において休暇や欠勤で不在になった販売員に代わって早番や遅番の業務を行う代務業務を行っていたほか，複数の売店を統括し，売上向上のための指導，改善業務や売店の事故対応等の売店業務のサポートやトラブル処理，商品補充に関する業務等を行うエリアマネージャー業務に従事することがあり，契約社員Aも，正社員と同様に代務業務を行っていた。これに対し，契約社員Bは，原則として代務業務を行わず，エリアマネージャー業務に従事することもなかった。

⑸　第1審被告においては，契約社員Bから契約社員A，契約社員Aから正社員への登用制度が設けられ，平成22年度から導入された登用試験では，原則として勤続1年以上の希望者全員に受験が認められていた。平成22年度から同26年度までの間においては，契約社員Aへの登用試験につき受験者合計134名のうち28名が，正社員への登用試験につき同105名のうち78名が，それぞれ合格した。

⑹　第1審被告は，第1審原告らが加入する労働組合との団体交渉を経て，契約社員Bの労働条件に関し，平成21年以降，年末年始出勤手当，早番手当及び皆勤手当の導入や，年1日のリフレッシュ休暇及び会社創立記念休暇（有給休暇）の付与などを行った。

3　原審は，上記事実関係等の下において，要旨次のとおり判断し，第1審原告らの退職金に係る不法行為に基づく損害賠償請求をいずれも一部認容した。

一般に，退職金には賃金の後払い，功労報償等の様々な性格があるところ，長期雇用を前提とする無期労働契約を締結した労働者（以下「無期契約労働者」という。）に対し，福利厚生を手厚くし，有為な人材の確保及び定着を図るなどの目的をもって退職金制度を設ける一方，本来的に短期雇用を前提とした有期労働契約を締結した労働者（以下「有期契約労働者」という。）に対し，これを設けないという制度設計自体は，人事施策上一概に不合理であるとはいえない。もっとも，第１審被告においては，契約社員Ｂは契約期間が１年以内の有期契約労働者であり，賃金の後払いが予定されているとはいえないが，原則として契約が更新され，定年が65歳と定められており，実際に第１審原告らは定年により契約が終了するまで10年前後の長期間にわたって勤務したことや，契約社員Ａは平成28年４月に職種限定社員として無期契約労働者となるとともに退職金制度が設けられたことを考慮すれば，少なくとも長年の勤務に対する功労報償の性格を有する部分に係る退職金，具体的には正社員と同一の基準に基づいて算定した額の４分の１に相当する額すら一切支給しないことは不合理である。

したがって，売店業務に従事している正社員と契約社員Ｂとの間の退職金に関する労働条件の相違は，労使間の交渉や経営判断の尊重を考慮に入れても，第１審原告らのような長期間勤務を継続した契約社員Ｂに全く退職金の支給を認めない点において，労働契約法20条にいう不合理と認められるものに当たる。

4　しかしながら，原審の上記判断は是認することができない。その理由は，次のとおりである。

(1)　労働契約法20条は，有期契約労働者と無期契約労働者の労働条件の格差が問題となっていたこと等を踏まえ，有期契約労働者の公正な処遇を図るため，その労働条件につき，期間の定めがあることにより不合理なものとすることを禁止したものであり，両者の間の労働条件の相違が退職金の支給に係るものであったとしても，それが同条にいう不合理と認められるものに当たる場合はあり得るものと考えられる。もっとも，その判断に当たっては，他の労働条件の相違と同様に，当該使用者における退職金の性質やこれを支給することとされた目的を踏まえて同条所定の諸事情を考慮することにより，当該労働条件の相違が不合理と評価することができるものであるか否かを検討すべきものである。

(2)ア　第１審被告は，退職する正社員に対し，一時金として退職金を支給する制度を設けており，退職金規程により，その支給対象者の範囲や支給基準，方法等を定めていたものである。そして，上記退職金は，本給に勤続年数に応じた支給月数を乗じた金額を支給するものとされているところ，その支給対象となる正社員は，第１審被告の本社の各部署や事業本部が所管する事業所等に配置され，業務の必要により配置転換等を命ぜられることもあり，また，退職金の算定基礎となる本給は，年齢によって定められる部分と職務遂行能力に応じた資格及び号俸により定められる職能給の性質を有する部分から成るものとされていたものである。このような第１審被告における退職金の支給要件や支給内容等に照らせば，上記退職金は，上記の職務遂行能力や責任の程度等を踏まえた労務の対価の後払いや継続的な勤務等に対する功労報償等の複合的な性質を有するものであり，第１審被告は，正社員としての職務を遂行し得る人材の確保やその定着を図るなどの目的から，様々な部署等で継続的に就労することが期待される正社員に対し退職金を支給することとしたものといえる。

イ　そして，第１審原告らにより比較の対象とされた売店業務に従事する正社員と契約社員Ｂである第１審原告らの労働契約法20条所定の「業務の内容及び当該業務に伴う責任の程度」(以下「職務の内容」という。）をみると，両者の業務の内容はおおむね共通するものの，正社員は，販売員が固定されている売店において休暇や欠勤で不在の販売員に代わって早番や遅番の業務を行う代務業務を担当していたほか，複数の売店を統括し，売上向上のための指導，改善業務等の売店業務のサポートやトラブル処理，商品補充に関する業務等を行うエリアマネージャー業務に従事することがあったのに対し，契約社員Ｂは，売店業務に専従していたものであり，両者の職務の内容に一定の相違があったことは否定できない。また，売店業務に従事する正社員については，業務の必要により配置転換等を命ぜられる現実の可能性があり，正当な理由なく，これを拒否することはできなかったのに対し，契約社員Ｂは，業務の場所の変更を命ぜられることはあっても，業務の内容に変更はなく，配置転換等を命ぜられることはなかったものであり，両者の職務の内容及び配置の変更の範囲(以下「変更の範囲」という。）にも一定の相違があったことが否定できない。

さらに，第１審被告においては，全ての正社員が同一の雇用管理の区分に属するものとして同じ就業規則等により同一の労働条件の適用を受けていたが，売店業務に従事する正社員と，第１審被告の本社の各部署や事業所等に配置され配置転換等を命ぜられることがあった他の多数の正社員とは，職務の内容及び変更の範囲につき相違があったものである。そして，平成27年１月当時に売店業務に従事する正社員は，同12年の関連会社等の再編成により第１審被告に雇用されることとなった互助会の出身者と契約社員Ｂから正社員に登用された者が約半数ずつほぼ全体を占め，売店業務に従事する従業員の２割に満たないものとなっていたものであり，上記再編成の経緯やその職務経験等に照らし，賃金水準を変更したり，他の部署に配置転換等をしたりすることが困難な事情があったことがうかがわれる。このように，売店業務に従事する正社員が他の多数の正社員と職務の内容及び変更の範囲を異にしていたことについては，第１審被告の組織再編等に起因する事情が存在したものといえる。また，第１審被告は，契約社員Ａ及び正社員へ段階的に職種を変更するための開かれた試験による登用制度を設け，相当数の契約社員Ｂや契約社員Ａをそれぞれ契約社員Ａや正社員に登用していたものである。これらの事情については，第１審原告らと売店業務に従事する正社員との労働条件の相違が不合理と認められるものであるか否かを判断するに当たり，労働契約法20条所定の「その他の事情」(以下，職務の内容及び変更の範囲と併せて「職務の内容等」という。）として考慮するのが相当である。

ウ　そうすると，第１審被告の正社員に対する退職金が有する複合的な性質やこれを支給する目的を踏まえて，売店業務に従事する正社員と契約社員Ｂの職務の内容等を考慮すれば，契約社員Ｂの有期労働契約が原則として更新するものとされ，定年が65歳と定められるなど，必ずしも短期雇用を前提としていたものとはいえず，第１審原告らがいずれも10年前後の勤続期間を有していることをしんしゃくしても，両者の間に退職金の支給の有無に係る労働条件の相違があることは，不合理であるとまで評価することができるものとはいえない。

なお，契約社員Ａは平成28年４月に職種限定社員に改められ，その契約が無期労働契約に変更されて退職金制度が設けられたものの，このことがその前に退職した契約社員Ｂである第１審原告らと正社員との間の退職金に関する労働条件の相違が不合理であるとの評価を基礎付けるものとはいい難い。また，契約社員Bと職種限定社員との間には職務の内容及び変更の範囲に一定の相違があることや，契約社員Bから契約社員Aに職種を変更することができる前記の登用制度が存在したこと等からすれば，無期契約労働者である職種限定社員に退職金制度が設けられたからといって，上記の判断を左右するものでもない。

(3) 以上によれば，売店業務に従事する正社員に対して退職金を支給する一方で，契約社員Bである第1審原告らに対してこれを支給しないという労働条件の相違は，労働契約法20条にいう不合理と認められるものに当たらないと解するのが相当である。

5 以上と異なる原審の前記判断には，判決に影響を及ぼすことが明らかな法令の違反がある。この点に関する第1審被告の論旨は理由があり，他方，第1審原告らの論旨は理由がなく，第1審原告らの退職金に関する不法行為に基づく損害賠償請求は理由がないから棄却すべきである。そして，同請求に関する部分以外については，第1審原告ら及び第1審被告の各上告受理申立て理由が上告受理の決定においてそれぞれ排除された。以上によれば，第1審原告X1の請求は，住宅手当，褒賞及び弁護士費用に相当する損害金としてそれぞれ22万0,800円，8万円及び3万0,080円の合計33万0,880円並びにこれに対する遅延損害金の支払を求める限度で理由があり，第1審原告X2の請求は，住宅手当，褒賞及び弁護士費用に相当する損害金としてそれぞれ11万0,400円，5万円及び1万6,040円の合計17万6,440円並びにこれに対する遅延損害金の支払を求める限度で理由があるから，これらを認容すべきであり，その余はいずれも理由がないから棄却すべきである。したがって，原判決中，第1審被告敗訴部分のうち上記の各金額を超える部分はいずれも破棄を免れず，第1審被告の上告に基づき，これを主文第1項のとおり変更することとし，また，第1審原告らの上告はいずれも棄却すべきである。

よって，裁判官宇賀克也の反対意見があるほか，裁判官全員一致の意見で，主文のとおり判決する。なお，裁判官林景一，同林道晴の各補足意見がある。

裁判官林景一の補足意見は，次のとおりである。

私は，多数意見に賛同するものであるが，本件の退職金に関する相違が労働契約法20条にいう不合理と認められるものに当たるか否かの判断の在り方等について，若干の意見の補足をしたい。

1 労働契約法20条は，有期契約労働者と無期契約労働者との労働条件の相違が不合理と認められるか否かを判断するに当たっては両者の職務の内容等を考慮すべき旨を規定しており，その判断に当たっては，当該労働条件の性質やこれを定めた目的を踏まえて検討すべきものである。そして，原審が適法に確定した事実関係を前提とすれば，多数意見が述べるとおり，第1審原告らと比較の対象とされた売店業務に従事する正社員の職務の内容等に相違があったことは否定できないところ，原審は，無期契約労働者に対してのみ退職金制度を設けること自体は人事施策上一概に不合理であるとはいえないとしつつ，上記の職務の内容等を十分に考慮することなく，契約社員Bの契約が原則として更新され，定年制が設けられ，第1審原告らが長期間にわたって勤務したこと等を考慮して，退職金に関する相違の一部を不合理と認められるものに当たると判断した。しかしながら，第1審被告の正社員に対する退職金が有する複合的な性質やこれを支給する目的を踏まえて，売店業務に従事する正社員と契約社員Bの職務の内容等を考慮すれば，多数意見が述べるとおり，原審が摘示した上記の諸事情を考慮しても，第1審原告らに対し退職金を支給しないことが不合理であるとまで評価することができるものとはいえないといわざるを得ない。

なお，有期契約労働者がある程度長期間雇用されることを想定して採用されており，有期契約労働者と比較の対象とされた無期契約労働者との職務の内容等が実質的に異ならないような場合には，両者の間に退職金の支給に係る労働条件の相違を設けることが不合理と認められるものに当たると判断されることはあり得るものの，上記に述べたとおり，その判断に当たっては，企業等において退職金が有する複合的な性質やこれを支給する目的をも十分に踏まえて検討する必要がある。退職金は，その支給の有無や支給方法等につき，労使交渉等を踏まえて，賃金体系全体を見据えた制度設計がされるのが通例であると考えられるところ，退職金制度を持続的に運用していくためには，その原資を長期間にわたって積み立てるなどして用意する必要があるから，退職金制度の在り方は，社会経済情勢や使用者の経営状況の動向等にも左右されるものといえる。そうすると，退職金制度の構築に関し，これら諸般の事情を踏まえて行われる使用者の裁量判断を尊重する余地は，比較的大きいものと解されよう。

2　更に付言すると，労働契約法20条は，有期契約労働者については，無期契約労働者と比較して合理的な労働条件の決定が行われにくく，両者の労働条件の格差が問題となっていたこと等を踏まえ，有期契約労働者の公正な処遇を図るため，その労働条件につき，期間の定めがあることにより不合理なものとすることを禁止したものである（最高裁平成28年（受）第2099号，第2100号同30年６月１日判決・民集72巻２号88頁参照）。そして，退職金には，継続的な勤務等に対する功労報償の性格を有する部分が存することが一般的であることに照らせば，企業等が，労使交渉を経るなどして，有期契約労働者と無期契約労働者との間における職務の内容等の相違の程度に応じて均衡のとれた処遇を図っていくことは，同条やこれを引き継いだ短時間労働者及び有期雇用労働者の雇用管理の改善等に関する法律８条の理念に沿うものといえる。現に，同条が適用されるに際して，有期契約労働者に対し退職金に相当する企業型確定拠出年金を導入したり，有期契約労働者が自ら掛け金を拠出する個人型確定拠出年金への加入に協力したりする企業等も出始めていることがうかがわれるところであり，その他にも，有期契約労働者に対し在職期間に応じて一定額の退職慰労金を支給することなども考えられよう。

裁判官林道晴は，裁判官林景一の補足意見に同調する。

裁判官宇賀克也の反対意見は，次のとおりである。

私は，多数意見とは異なり，本件の事実関係の下で，長年の勤務に対する功労報償の性格を有する部分に係る退職金，具体的には正社員と同一の基準に基づいて算定した額の４分の１に相当する額すら契約社員Ｂに支給しないことが不合理であるとした原審の判断は是認することができ，第１審被告の上告及び第１審原告らの上告は，いずれも棄却すべきものと考える。その理由は，以下のとおりである。

多数意見のいうように，第１審被告の正社員に対する退職金の性質やこれを支給する目的を踏まえ，売店業務に従事する正社員と契約社員Ｂの職務の内容等を考慮して，退職金に係る労働条件の相違が不合理と評価することができるかどうかを検討すべきものとする判断枠組みを採ることには異論はない。また，林景一裁判官の補足意見が指摘するとおり，退職金は，その原資を長期間にわたって積み立てるなどして用意する必要があること等からすれば，裁判所が退職金制度の構築に関する使用者の裁量判断を是正する判断をすることには慎重さが求められるということもできる。

しかし，契約社員Ｂは，契約期間を１年以内とする有期契約労働者として採用されるものの，当該労働契約は原則として更新され，定年が65歳と定められており，正社員と同様，特段の事情がない限り65歳までの勤務が保障されていたといえる。契約社員Ｂの新規採用者の平均年齢は約47歳であるから，契約社員Ｂは，平均して約18年間にわたって第１審被告に勤務することが保障されていたことになる。他方，第１審被告は，東京メトロから57歳以上の社員を出向者として受け入れ，60歳を超えてから正社員に切り替える取扱いをしているというのであり，このことからすると，むしろ，正社員よりも契約社員Ｂの方が長期間にわたり勤務することもある。第１審被告の正社員に対する退職金は，継続的な勤務等に対する功労報償という性質を含むものであり，このような性質は，契約社員Ｂにも当てはまるものである。

また，正社員は，代務業務を行っていたために勤務する売店が固定されておらず，複数の売店を統括するエリアマネージャー業務に従事することがあるが，契約社員Ｂも代務業務を行うことがあり，また，代務業務が正社員でなければ行えないような専門性を必要とするものとも考え難い。エリアマネージャー業務に従事する者は正社員に限られるものの，エリアマネージャー業務が他の売店業務と質的に異なるものであるかは評価の分かれ得るところである。正社員は，配置転換，職種転換又は出向の可能性があるのに対して，契約社員Ｂは，勤務する売店の変更の可能性があるのみという制度上の相違は存在するものの，売店業務に従事する正社員は，互助会において売店業務に従事していた者と，登用制度により正社員になった者とでほぼ全体を占めており，当該売店業務がいわゆる人事ローテーションの一環として現場の勤務を一定期間行わせるという位置付けのものであったとはいえない。そうすると，売店業務に従事する正社員と契約社員Ｂの職務の内容や変更の範囲に大きな相違はない。

以上のとおり，第１審被告の正社員に対する退職金の性質の一部は契約社員Ｂにも当てはまり，売店業務に従事する正社員と契約社員Ｂの職務の内容や変更の範囲に大きな相違はないことからすれば，両者の間に退職金の支給の有無に係る労働条件の相違があることは，不合理であると評価することができるものといえる。

他方，多数意見も指摘するとおり，第１審被告の正社員に対する退職金は，職務遂行能力や責任の程度等を踏まえた労務の対価の後払いの性質も有するものであるし，一般論として，有為な人材の確保やその定着を図るなどの目的から，継続的な就労が期待される者に対して退職金を支給する必要があることは理解することができる。そして，売店業務に従事する正社員と契約社員Ｂの職務の内容や変更の範囲に一定の相違があることは否定できず，当該正社員が他の多数の正社員と職務の内容及び変更の範囲を異にしていたことについて，第１審被告の組織再編等に起因する事情が存在したものといえること等も考慮すると，売店業務に従事する正社員と契約社員Ｂとの間で退職金に係る労働条件に相違があること自体は，不合理なことではない。退職金制度の構築に関する使用者の裁量判断を尊重する余地があることにも鑑みると，契約社員Ｂに対し，正社員と同一の基準に基づいて算定した額の４分の１に相当する額を超えて退職金を支給しなくとも，不合理であるとまで評価することができるものとはいえないとした原審の判断をあえて破棄するには及ばないものと考える。

（裁判長裁判官　林　景一　裁判官　戸倉三郎　裁判官　宮崎裕子　裁判官　宇賀克也　裁判官　林　道晴）

資料3

日本郵便・佐賀事件

平成30年（受）第1519号
未払時間外手当金等請求控訴，同附帯控訴事件
令和２年10月15日　第一小法廷判決

主　文

本件上告を棄却する。

上告費用は上告人の負担とする。

理　由

上告代理人樋口隆明ほかの上告受理申立て理由第２及び第３の２について

1　本件は，上告人と期間の定めのある労働契約（以下「有期労働契約」という。）を締結して勤務した時給制契約社員である被上告人が，期間の定めのない労働契約（以下「無期労働契約」という。）を締結している労働者（以下「正社員」という。）と被上告人との間で，夏期休暇及び冬期休暇（以下「夏期冬期休暇」という。）等に相違があったことは労働契約法20条（平成30年法律第71号による改正前のもの。以下同じ。）に違反するものであったと主張して，上告人に対し，不法行為に基づき，上記相違に係る損害賠償を求めるなどの請求をする事案である。

2　原審の適法に確定した事実関係等の概要は，次のとおりである。

(1)　上告人は，国及び日本郵政公社が行っていた郵便事業を承継した郵便局株式会社及び郵便事業株式会社の合併により，平成24年10月１日に成立した株式会社であり，郵便局を設置して，郵便の業務，銀行窓口業務，保険窓口業務等を営んでいる。

被上告人は，平成22年６月７日，郵便事業株式会社との間で有期労働契約を締結し，同社及び上告人との間でその更新を繰り返して，郵便外務事務（配達等の事務）に従事する時給制契約社員であったが，同25年12月14日，上告人を退職した。

(2)　上告人に雇用される従業員には，無期労働契約を締結する正社員と有期労働契約を締結する期間雇用社員が存在し，それぞれに適用される就業規則及び給与規程は異なる。

正社員に適用される就業規則において，正社員の勤務時間は，１日について原則８時間，４週間について１週平均40時間とされている。正社員の中には，被上告人と同様の業務に従事する者があるが，正社員は，業務上の必要性により配置転換や職種転換を命じられることがあり，多様な業務に従事している。また，正社員のうちの一定程度の割合の者が課長代理，課長等の役職者となるところ，正社員の人事評価においては，評価項目が多岐にわたり，組織全体への貢献を考慮した項目についても評価されるものとされている。

期間雇用社員に適用される就業規則において，期間雇用社員は，スペシャリスト契約社員，エキスパート契約社員，月給制契約社員，時給制契約社員及びアルバイトに区分されており，それぞれ契約期間の長さや賃金の支払方法が異なる。このうち時給制契約社員は，郵便局等での一般的業務に従事し，時給制で給与が支給されるものとして採用された者であって，契約期間は６か月以内で，契約を更新することができ，正規の勤務時間は，１日について８時間以内，４週間について１週平均40時間以内とされている。そして，時給制契約社員は，担当業務に継続して従事し，郵便局を異にする人事異動は行われず，昇任や昇格も予定されていない。また，時給制契約社員の人事評価においては，担当業務についての評価がされるのみである。

(3) 正社員に適用される就業規則では，郵便の業務を担当する正社員に夏期冬期休暇が与えられることとされている。夏期休暇は６月１日から９月30日まで，冬期休暇は10月１日から翌年３月31日までの各期間において，それぞれ３日まで与えられる有給休暇である。

これに対し，郵便の業務を担当する時給制契約社員には夏期冬期休暇が与えられない。

3 原審は，郵便の業務を担当する正社員に対して夏期冬期休暇を与える一方で，同業務を担当する時給制契約社員に対してこれを与えないという労働条件の相違は労働契約法20条にいう不合理と認められるものに当たり，上記相違によって夏期冬期休暇の日数分の賃金に相当する額の損害が発生したと判断した。所論は，原審のこの判断には法令の解釈適用の誤りがある旨をいうものである。

4(1) 有期労働契約を締結している労働者と無期労働契約を締結している労働者との個々の賃金項目に係る労働条件の相違が労働契約法20条にいう不合理と認められるものであるか否かを判断するに当たっては，両者の賃金の総額を比較することのみによるのではなく，当該賃金項目の趣旨を個別に考慮すべきものと解するのが相当である（最高裁平成29年（受）第442号同30年６月１日第二小法廷判決・民集72巻２号202頁）ところ，賃金以外の労働条件の相違についても，同様に，個々の労働条件の趣旨を個別に考慮すべきものと解するのが相当である。

上告人において，郵便の業務を担当する正社員に対して夏期冬期休暇が与えられているのは，年次有給休暇や病気休暇等とは別に，労働から離れる機会を与えることにより，心身の回復を図るという目的によるものであると解され，夏期冬期休暇の取得の可否や取得し得る日数は上記正社員の勤続期間の長さに応じて定まるものとはされていない。そして，郵便の業務を担当する時給制契約社員は，契約期間が６か月以内とされるなど，繁忙期に限定された短期間の勤務ではなく，業務の繁閑に関わらない勤務が見込まれているのであって，夏期冬期休暇を与える趣旨は，上記時給制契約社員にも妥当するというべきである。

そうすると，前記２(2)のとおり，郵便の業務を担当する正社員と同業務を担当する時給制契約社員との間に労働契約法20条所定の職務の内容や当該職務の内容及び配置の変更の範囲その他の事情につき相応の相違があること等を考慮しても，両者の間に夏期冬期休暇に係る労働条件の相違があることは，不合理であると評価することができるものといえる。

したがって，郵便の業務を担当する正社員に対して夏期冬期休暇を与える一方で，郵便の業務を担当する時給制契約社員に対して夏期冬期休暇を与えないという労働条件の相違は，労働契約法20条にいう不合理と認められるものに当たると解するのが相当である。

(2) また，上告人における夏期冬期休暇は，有給休暇として所定の期間内に所定の日数を取得することができるものであるところ，郵便の業務を担当する時給制契約社員である被上告人は，夏期冬期休暇を与えられなかったことにより，当該所定の日数につき，本来する必要のなかった勤務をせざるを得なかったものといえるから，上記勤務をしたことによる財産的損害を受けたものということができる。

5　以上と同旨の原審の判断は，いずれも正当として是認することができる。論旨は採用することができない。また，その余の上告受理申立て理由は，上告受理の決定において排除された。

よって，裁判官全員一致の意見で，主文のとおり判決する。

（裁判長裁判官　山口　厚　裁判官　池上政幸　裁判官　小池　裕　裁判官　木澤克之　裁判官　深山卓也）

資料4

日本郵便・東京事件

令和元年（受）第777号，第778号
地位確認等請求事件
令和２年10月15日　第一小法廷判決

主　文

1　第１審被告の上告を棄却する。

2　原判決中，第１審原告らの夏期休暇及び冬期休暇に係る損害賠償請求に関する部分を破棄し，同部分につき本件を東京高等裁判所に差し戻す。

3　第１審原告らのその余の上告を棄却する。

4　第１項に関する上告費用は第１審被告の負担とし，前項に関する上告費用は第１審原告らの負担とする。

理　由

第１　事案の概要

1　本件は，第１審被告と期間の定めのある労働契約（以下「有期労働契約」という。）を締結して勤務している時給制契約社員である第１審原告らが，期間の定めのない労働契約（以下「無期労働契約」という。）を締結している労働者（以下「正社員」という。）と第１審原告らとの間で，年末年始勤務手当，病気休暇，夏期休暇及び冬期休暇（以下「夏期冬期休暇」という。）等に相違があったことは労働契約法20条（平成30年法律第71号による改正前のもの。以下同じ。）に違反するものであったと主張して，第１審被告に対し，不法行為に基づき，上記相違に係る損害賠償を求めるなどの請求をする事案である。

2　原審の確定した事実関係等の概要は，次のとおりである。

(1)ア　第１審被告は，国及び日本郵政公社が行っていた郵便事業を承継した郵便局株式会社及び郵便事業株式会社の合併により，平成24年10月１日に成立した株式会社であり，郵便局を設置して，郵便の業務，銀行窓口業務，保険窓口業務等を営んでいる。

イ　第１審原告Ｘ１及び第１審原告Ｘ２は，いずれも，国又は日本郵政公社に有期任用公務員として任用された後，平成19年10月１日，郵便事業株式会社との間で有期労働契約を締結し，同社及び第１審被告との間でその更新を繰り返して勤務する時給制契約社員である。また，第１審原告Ｘ３は，平成20年10月14日，郵便事業株式会社との間で有期労働契約を締結し，同社及び第１審被告との間でその更新を繰り返して勤務する時給制契約社員である。第１審原告Ｘ１及び第１審原告Ｘ３は，郵便外務事務（配達等の事務）に従事し，第１審原告Ｘ２は，郵便内務事務（窓口業務，区分け作業等の事務）に従事している。

⑵ア　第１審被告に雇用される従業員には，無期労働契約を締結する正社員と有期労働契約を締結する期間雇用社員が存在し，それぞれに適用される就業規則及び給与規程は異なる。

イ　正社員に適用される就業規則において，正社員の勤務時間は，１日について原則８時間，４週間について１週平均40時間とされている。

平成26年３月31日以前の人事制度（以下「旧人事制度」という。）において，正社員は，企画職群，一般職群（以下「旧一般職」という。）及び技能職群に区分され，このうち郵便局における郵便の業務を担当していたのは旧一般職であった。

そして，平成26年４月１日以後の人事制度（以下「新人事制度」という。）において，正社員は，管理職，総合職，地域基幹職及び一般職（以下「新一般職」という。）の各コースに区分され，このうち郵便局における郵便の業務を担当するのは地域基幹職及び新一般職である。

ウ　期間雇用社員に適用される就業規則において，期間雇用社員は，スペシャリスト契約社員，エキスパート契約社員，月給制契約社員，時給制契約社員及びアルバイトに区分されており，それぞれ契約期間の長さや賃金の支払方法が異なる。このうち時給制契約社員は，郵便局等での一般的業務に従事し，時給制で給与が支給されるものとして採用された者であって，契約期間は６か月以内で，契約を更新することができ，正規の勤務時間は，１日について８時間以内，４週間について１週平均40時間以内とされている。

⑶　正社員に適用され，就業規則の性質を有する給与規程において，郵便の業務を担当する正社員の給与は，基本給と諸手当で構成されている。諸手当には住居手当，祝日給，特殊勤務手当，夏期手当，年末手当等がある。このうち特殊勤務手当は，著しく危険，不快，不健康又は困難な勤務その他の著しく特殊な勤務で，給与上特別の考慮を必要とし，かつ，その特殊性を基本給で考慮することが適当でないと認められるものに従事する正社員に，その勤務の特殊性に応じて支給するものとされている。特殊勤務手当の一つである年末年始勤務手当は，12月29日から翌年１月３日までの間において実際に勤務したときに支給されるものであり，その額は，12月29日から同月31日までは１日につき4,000円，１月１日から同月３日までは１日につき5,000円であるが，実際に勤務した時間が４時間以下の場合は，それぞれその半額である。

また，正社員に適用される就業規則では，郵便の業務を担当する正社員に夏期冬期休暇及び病気休暇が与えられることとされている。夏期休暇は６月１日から９月30日まで，冬期休暇は10月１日から翌年３月31日までの各期間において，それぞれ３日まで与えられる有給休暇である。病気休暇は，私傷病等により，勤務日又は正規の勤務時間中に勤務しない者に与えられる有給休暇であり，私傷病による病気休暇は少なくとも引き続き90日間まで与えられる。

⑷　期間雇用社員に適用され，就業規則の性質を有する給与規程において，郵便の業務を担当する時給制契約社員の給与は，基本賃金と諸手当で構成されている。諸手当には，祝日割増賃金，特殊勤務手当，臨時手当等がある。もっとも，上記時給制契約社員に対して年末年始勤務手当は支給されない。

また，上記時給制契約社員には，夏期冬期休暇が与えられない一方，期間雇用社員に適用される就業規則において，病気休暇が与えられることとされているが，私傷病による病気休暇は１年に10日の範囲で無給の休暇が与えられるにとどまる。

⑸ア　旧一般職及び地域基幹職は，郵便外務事務，郵便内務事務等に幅広く従事すること，昇任や昇格により役割や職責が大きく変動することが想定されている。他方，新一般職は，郵便外務事務，郵便内務事務等の標準的な業務に従事することが予定されており，昇任や昇格は予定されていない。

また，正社員の人事評価においては，業務の実績そのものに加え，部下の育成指導状況，組織全体に対する貢献等の項目によって業績が評価されるほか，自己研さん，状況把握，論理的思考，チャレンジ志向等の項目によって正社員に求められる役割を発揮した行動が評価される。

イ　これに対し，時給制契約社員は，郵便外務事務又は郵便内務事務のうち，特定の業務のみに従事し，上記各事務について幅広く従事することは想定されておらず，昇任や昇格は予定されていない。

また，時給制契約社員の人事評価においては，上司の指示や職場内のルールの遵守等の基本的事項に関する評価が行われるほか，担当する職務の広さとその習熟度についての評価が行われる一方，正社員とは異なり，組織全体に対する貢献によって業績が評価されること等はない。

⑹　旧一般職を含む正社員には配転が予定されている。ただし，新一般職は，転居を伴わない範囲において人事異動が命ぜられる可能性があるにとどまる。

これに対し，時給制契約社員は，職場及び職務内容を限定して採用されており，正社員のような人事異動は行われず，郵便局を移る場合には，個別の同意に基づき，従前の郵便局における雇用契約を終了させた上で，新たに別の郵便局における勤務に関して雇用契約を締結し直している。

⑺　時給制契約社員に対しては，正社員に登用される制度が設けられており，人事評価や勤続年数等に関する応募要件を満たす応募者について，適性試験や面接等により選考される。

第２　令和元年（受）第777号上告代理人樋口隆明ほかの上告受理申立て理由（ただし，排除されたものを除く。）について

１　原審は，郵便の業務を担当する正社員に対して年末年始勤務手当を支給する一方で，同業務を担当する時給制契約社員である第１審原告らに対してこれを支給しないという労働条件の相違及び私傷病による病気休暇として，上記正社員に対しては有給休暇を与えるものとする一方で，上記時給制契約社員である第１審原告Ｘ２に対しては無給の休暇のみを与えるものとするという労働条件の相違について，いずれも労働契約法20条にいう不合理と認められるものに当たると判断した。所論は，原審のこの判断には同条の解釈適用の誤りがある旨をいうものである。

２⑴　年末年始勤務手当について

第１審被告における年末年始勤務手当は，郵便の業務を担当する正社員の給与を構成する特殊勤務手当の一つであり，12月29日から翌年１月３日までの間において実際に勤務したときに支給されるものであることからすると，同業務についての最繁忙期であり，多くの労働者が休日として過ごしている上記の期間において，同業務に従事したことに対し，その勤務の特殊性から基本給に加えて支給される対価としての性質を有するものであるといえる。また，年末年始勤務手当は，正社員が従事した業務の内容やその難度等に関わらず，所定の期間において実際に勤務したこと自体を支給要件とするものであり，その支給金額も，実際に勤務した時期と時間に応じて一律である。

上記のような年末年始勤務手当の性質や支給要件及び支給金額に照らせば，これを支給することとした趣旨は，郵便の業務を担当する時給制契約社員にも妥当するもの

である。そうすると，前記第１の２⑸〜⑺のとおり，郵便の業務を担当する正社員と上記時給制契約社員との間に労働契約法20条所定の職務の内容や当該職務の内容及び配置の変更の範囲その他の事情につき相応の相違があること等を考慮しても，両者の間に年末年始勤務手当に係る労働条件の相違があることは，不合理であると評価することができるものといえる。

したがって，郵便の業務を担当する正社員に対して年末年始勤務手当を支給する一方で，同業務を担当する時給制契約社員に対してこれを支給しないという労働条件の相違は，労働契約法20条にいう不合理と認められるものに当たると解するのが相当である。

⑵ 病気休暇について

ア 有期労働契約を締結している労働者と無期労働契約を締結している労働者との個々の賃金項目に係る労働条件の相違が労働契約法20条にいう不合理と認められるものであるか否かを判断するに当たっては，両者の賃金の総額を比較することのみによるのではなく，当該賃金項目の趣旨を個別に考慮すべきものと解するのが相当であるところ，賃金以外の労働条件の相違についても，同様に，個々の労働条件が定められた趣旨を個別に考慮すべきものと解するのが相当である（最高裁平成30年（受）第1519号令和２年10月15日第一小法廷判決・公刊物未登載）。

イ 第１審被告において，私傷病により勤務することができなくなった郵便の業務を担当する正社員に対して有給の病気休暇が与えられているのは，上記正社員が長期にわたり継続して勤務することが期待されることから，その生活保障を図り，私傷病の療養に専念させることを通じて，その継続的な雇用を確保するという目的によるものと考えられる。このように，継続的な勤務が見込まれる労働者に私傷病による有給の病気休暇を与えるものとすることは，使用者の経営判断として尊重し得るものと解される。もっとも，上記目的に照らせば，郵便の業務を担当する時給制契約社員についても，相応に継続的な勤務が見込まれるのであれば，私傷病による有給の病気休暇を与えることとした趣旨は妥当するというべきである。そして，第１審被告においては，上記時給制契約社員は，契約期間が６か月以内とされており，第１審原告らのように有期労働契約の更新を繰り返して勤務する者が存するなど，相応に継続的な勤務が見込まれているといえる。そうすると，前記第１の２⑸〜⑺のとおり，上記正社員と上記時給制契約社員との間に労働契約法20条所定の職務の内容や当該職務の内容及び配置の変更の範囲その他の事情につき相応の相違があること等を考慮しても，私傷病による病気休暇の日数につき相違を設けることはともかく，これを有給とするか無給とするかにつき労働条件の相違があることは，不合理であると評価することができるものといえる。

したがって，私傷病による病気休暇として，郵便の業務を担当する正社員に対して有給休暇を与えるものとする一方で，同業務を担当する時給制契約社員に対して無給の休暇のみを与えるものとするという労働条件の相違は，労働契約法20条にいう不合理と認められるものに当たると解するのが相当である。

３ 以上によれば，所論の点に関する原審の判断は，いずれも正当として是認することができる。論旨はいずれも採用することができない。なお，その余の上告受理申立て理由は，上告受理の決定において排除された。

第３ 令和元年（受）第778号上告代理人宮里邦雄ほかの上告受理申立て理由第２の２〜６について

１ 原審は，前記第１の２の事実関係等の下において，郵便の業務を担当する正社員に対しては夏期冬期休暇を与える一方で，同業務を担当する時給制契約社員に対してはこれを与えないという労働条件の相違は労働契約法20条にいう不合理と認められるものに当たり，第1審被告が上記相違を設けていたことにつき過失があるとした上で，要旨次のとおり判断し，第1審原告らの夏期冬期休暇に係る損害賠償請求を棄却した。

第1審原告らが無給の休暇を取得したこと，夏期冬期休暇が与えられていればこれを取得し賃金が支給されたであろうこととの事実の主張立証はない。したがって，第1審原告らに夏期冬期休暇を与えられないことによる損害が生じたとはいえない。

2　しかしながら，原審の上記判断は是認することができない。その理由は，次のとおりである。

第1審被告における夏期冬期休暇は，有給休暇として所定の期間内に所定の日数を取得することができるものであるところ，郵便の業務を担当する時給制契約社員である第1審原告らは，夏期冬期休暇を与えられなかったことにより，当該所定の日数につき，本来する必要のなかった勤務をせざるを得なかったものといえるから，上記勤務をしたことによる財産的損害を受けたものということができる。当該時給制契約社員が無給の休暇を取得したか否かなどは，上記損害の有無の判断を左右するものではない。

したがって，郵便の業務を担当する時給制契約社員である第1審原告らについて，無給の休暇を取得したなどの事実の主張立証がないとして，夏期冬期休暇を与えられないことによる損害が生じたとはいえないとした原審の判断には，不法行為に関する法令の解釈適用を誤った違法がある。

3　以上によれば，原審の上記判断には，判決に影響を及ぼすことが明らかな法令の違反がある。論旨は理由があり，原判決のうち第1審原告らの夏期冬期休暇に係る損害賠償請求に関する部分は破棄を免れない。なお，その余の上告受理申立て理由は，上告受理の決定において排除された。

第4　結論

以上のとおりであるから，原判決中，第1審原告らの夏期冬期休暇に係る損害賠償請求に関する部分を破棄し，損害額について更に審理を尽くさせるため，同部分につき本件を原審に差し戻すとともに，第1審被告の上告及び第1審原告らのその余の上告を棄却することとする。

よって，裁判官全員一致の意見で，主文のとおり判決する。

（裁判長裁判官　山口　厚　裁判官　池上政幸　裁判官　小池　裕　裁判官　木澤克之　裁判官　深山卓也）

資料5

日本郵便・大阪事件

令和元年（受）第794号，第795号
地位確認等請求事件
令和２年10月15日　第一小法廷判決

主　文

1　第１審被告の上告を棄却する。
2　原判決中，次の部分を破棄する。
(1)　第１審原告Ｘ１の平成27年４月30日以前における年末年始勤務手当及び同日以前における１月１日から同月３日までの期間（ただし，祝日を除く。）の勤務に対する祝日給に係る損害賠償請求に関する部分
(2)　第１審原告Ｘ２及び第１審原告Ｘ３の扶養手当に係る損害賠償請求に関する部分
3　前項の破棄部分につき，本件を大阪高等裁判所に差し戻す。
4　第１審原告Ｘ１，第１審原告Ｘ２及び第１審原告Ｘ３のその余の上告を棄却する。
5　第１項に関する上告費用は第１審被告の負担とし，前項に関する上告費用は第１審原告Ｘ１，第１審原告Ｘ２及び第１審原告Ｘ３の負担とする。

理　由

第１　事案の概要
1　本件は，第１審被告と期間の定めのある労働契約（以下「有期労働契約」という。）を締結して勤務し，又は勤務していた時給制契約社員又は月給制契約社員である第１審原告らが，期間の定めのない労働契約（以下「無期労働契約」という。）を締結している労働者（以下「正社員」という。）と第１審原告らとの間で，年末年始勤務手当，祝日給，扶養手当，夏期休暇及び冬期休暇（以下「夏期冬期休暇」という。）等に相違があったことは労働契約法20条（平成30年法律第71号による改正前のもの。以下同じ。）に違反するものであったと主張して，第１審被告に対し，不法行為に基づき，上記相違に係る損害賠償を求めるなどの請求をする事案である。
2　原審の確定した事実関係等の概要は，次のとおりである。
(1)ア　第１審被告は，国及び日本郵政公社が行っていた郵便事業を承継した郵便局株式会社及び郵便事業株式会社の合併により，平成24年10月１日に成立した株式会社であり，郵便局を設置して，郵便の業務，銀行窓口業務，保険窓口業務等を営んでいる。
イ　第１審原告Ｘ１を除く第１審原告らは，いずれも，国又は日本郵政公社に有期任用公務員として任用された後，平成19年10月１日，郵便事業株式会社との間で有期労働契約を締結し，同社及び第１審被告との間でその更新を繰り返して，郵便外務事務（配達等の事務）に従事し，又は従事していた時給制契約社員又は月給制契約社員である。このうち，第１審原告Ｘ３は，平成24年８月１日に時給制契約社員から月給制契約社員となったが，その余の者は，いずれも時給制契約社員である。また，第１審原告Ｘ４は，平成28年３月31日，第１審被告を退職した。

第１審原告Ｘ１は，平成22年４月，郵便事業株式会社との間で有期労働契約を締結し，同社及び第１審被告との間で有期労働契約の締結又は更新を繰り返して，郵便外務事務に従事する時給制契約社員である。

⑵ア　第１審被告に雇用される従業員には，無期労働契約を締結する正社員と有期労働契約を締結する期間雇用社員が存在し，それぞれに適用される就業規則及び給与規程は異なる。

イ　正社員に適用される就業規則において，正社員の勤務時間は，１日について原則８時間，４週間について１週平均40時間とされている。

平成26年３月31日以前の人事制度（以下「旧人事制度」という。）において，正社員は，企画職群，一般職群（以下「旧一般職」という。）及び技能職群に区分され，このうち郵便局における郵便の業務を担当していたのは旧一般職であった。

そして，平成26年４月１日以後の人事制度（以下「新人事制度」という。）において，正社員は，管理職，総合職，地域基幹職及び一般職（以下「新一般職」という。）の各コースに区分され，このうち郵便局における郵便の業務を担当するのは地域基幹職及び新一般職である。

ウ　期間雇用社員に適用される就業規則において，期間雇用社員は，スペシャリスト契約社員，エキスパート契約社員，月給制契約社員，時給制契約社員及びアルバイトに区分されており，それぞれ契約期間の長さや賃金の支払方法が異なる。このうち時給制契約社員は，郵便局等での一般的業務に従事し，時給制で給与が支給されるものとして採用された者であって，契約期間は６か月以内で，契約を更新することができ，正規の勤務時間は，１日について８時間以内，４週間について１週平均40時間以内とされている。また，月給制契約社員は，高い知識・能力を発揮して郵便局等での一般的業務に従事し，月給制で給与が支給されるものとして採用された者であって，契約期間は１年以内で，契約を更新することができ，正規の勤務時間は，１日について６時間以上８時間以内，４週間について１週平均40時間，35時間又は30時間とされている。

⑶　正社員に適用され，就業規則の性質を有する給与規程において，郵便の業務を担当する正社員の給与は，基本給と諸手当で構成されている。諸手当には，扶養手当，住居手当，祝日給，特殊勤務手当，夏期手当，年末手当等がある。

このうち扶養手当は，所定の扶養親族のある者に支給されるものであり，その額は，扶養親族の種類等に応じて，扶養親族１人につき月額1,500円～１万5,800円である。

また，祝日給は，正社員が祝日において割り振られた正規の勤務時間中に勤務することを命ぜられて勤務したとき（祝日代休が指定された場合を除く。）及び祝日を除く１月１日から同月３日までの期間（以下「年始期間」という。）に勤務したときに支給されるものであり，その額は，月の初日から末日までの間における祝日給の支給対象時間（勤務時間）に次の算式により求められる額を乗じて得た額である。なお，正社員に適用される就業規則において，郵便の業務を担当する正社員には，年始期間について特別休暇が与えられるものとされている。

((基本給の月額＋基本給及び扶養手当の月額に係る調整手当の月額＋隔遠地手当の月額）×12／年間所定勤務時間数）×100分の135

さらに，特殊勤務手当は，著しく危険，不快，不健康又は困難な勤務その他の著しく特殊な勤務で，給与上特別の考慮を必要とし，かつ，その特殊性を基本給で考慮することが適当でないと認められるものに従事する正社員に，その勤務の特殊性に応じて支給するものとされている。特殊勤務手当の一つである年末年始勤務手当は，12月29日から翌年1月3日までの間において実際に勤務したときに支給されるものであり，その額は，12月29日から同月31日までは1日につき4,000円，1月1日から同月3日までは1日につき5,000円であるが，実際に勤務した時間が4時間以下の場合は，それぞれその半額である。

このほか，正社員に適用される就業規則では，郵便の業務を担当する正社員に夏期冬期休暇が与えられることとされている。夏期休暇は6月1日から9月30日まで，冬期休暇は10月1日から翌年3月31日までの各期間において，それぞれ3日まで与えられる有給休暇である。

⑷ア　期間雇用社員に適用され，就業規則の性質を有する給与規程において，郵便の業務を担当する時給制契約社員の給与は，基本賃金と諸手当で構成されている。諸手当には，祝日割増賃金，特殊勤務手当，臨時手当等がある。

このうち祝日割増賃金は，時給制契約社員が祝日に勤務することを命ぜられて勤務したときに支給されるものであり，その額は，月の初日から末日までの期間における祝日割増賃金の支給対象時間（勤務時間）に，基本賃金額（時給）の100分の35を乗じて得た額である。

イ　期間雇用社員に適用され，就業規則の性質を有する給与規程において，郵便の業務を担当する月給制契約社員の給与は，基本賃金と諸手当で構成されている。諸手当には，祝日割増賃金，特殊勤務手当，臨時手当等がある。

このうち祝日割増賃金は，月給制契約社員が祝日において割り振られた正規の勤務時間中に勤務することを命ぜられて勤務したときに支給されるものであり，その額は，月の初日から末日までの間における祝日割増賃金の支給対象時間（勤務時間）に次の算式により求められる額を乗じて得た額である。

（基本賃金額（月給）×12／年間所定勤務時間数）×100分の135

ウ　もっとも，郵便の業務を担当する時給制契約社員及び月給制契約社員（以下，併せて「本件契約社員」という。）に対して，扶養手当及び年末年始勤務手当は支給されず，祝日割増賃金は，正社員に対する祝日給とは異なり，年始期間に勤務したときには支給されない。なお，本件契約社員には年始期間について特別休暇は与えられていない。

また，本件契約社員に対して，夏期冬期休暇は与えられていない。

⑸ア　旧一般職及び地域基幹職は，郵便外務事務，郵便内務事務等に幅広く従事すること，昇任や昇格により役割や職責が大きく変動することが想定されている。他方，新一般職は，郵便外務事務，郵便内務事務等の標準的な業務に従事することが予定されており，昇任や昇格は予定されていない。

また，正社員の人事評価においては，業務の実績そのものに加え，部下の育成指導状況，組織全体に対する貢献等の項目によって業績が評価されるほか，自己研さん，状況把握，論理的思考，チャレンジ志向等の項目によって正社員に求められる役割を発揮した行動が評価される。

イ　これに対し，本件契約社員は，郵便外務事務又は郵便内務事務のうち，特定の業務のみに従事し，上記各事務について幅広く従事することは想定されておらず，昇任や昇格は予定されていない。

また，時給制契約社員の人事評価においては，上司の指示や職場内のルールの遵守等の基本的事項に関する評価が行われるほか，担当する職務の広さとその習熟度についての評価が行われる。月給制契約社員の人事評価においては，業務を適切に遂行していたかなどの観点によって業績が評価されるほか，上司の指示の理解，上司への伝達等の基本的事項や，他の期間雇用社員への助言等の観点により，月給制契約社員に求められる役割を発揮した行動が評価される。他方，本件契約社員の人事評価においては，正社員とは異なり，組織全体に対する貢献によって業績が評価されること等はない。

(6)　旧一般職を含む正社員には配転が予定されている。ただし，新一般職は，転居を伴わない範囲において人事異動が命ぜられる可能性があるにとどまる。

これに対し，本件契約社員は，職場及び職務内容を限定して採用されており，正社員のような人事異動は行われず，郵便局を移る場合には，個別の同意に基づき，従前の郵便局における雇用契約を終了させた上で，新たに別の郵便局における勤務に関して雇用契約を締結し直している。

(7)　本件契約社員に対しては，正社員に登用される制度が設けられており，人事評価や勤続年数等に関する応募要件を満たす応募者について，適性試験や面接等により選考される。

第2　令和元年（受）第794号上告代理人樋口隆明ほかの上告受理申立て理由第2並びに同第795号上告代理人森博行ほかの上告受理申立て理由第2及び第4の2（ただし，いずれも排除されたものを除く。）について

1　原審は，前記第1の2の事実関係等の下において，要旨次のとおり判断し，郵便事業株式会社及び第1審被告との間で更新された有期労働契約の契約期間を通算した期間（以下「通算雇用期間」という。）が5年を超えていた時期における第1審原告らの年末年始勤務手当及び年始期間の勤務に対する祝日給に係る損害賠償請求の一部を認容すべきものとする一方，第1審原告X1について，通算雇用期間が5年を超えていなかった平成27年4月30日以前の年末年始勤務手当及び同日以前の年始期間の勤務に対する祝日給に係る損害賠償請求を棄却すべきものとした。

(1)　第1審被告における年末年始勤務手当は，年末年始の時期に業務に従事しなければならない正社員の労苦に報いる趣旨で支給されるものであるところ，本件契約社員が原則として短期雇用を前提とすること等からすると，正社員に対して年末年始勤務手当を支給する一方で，本件契約社員に対してこれを支給しないという労働条件の相違は，直ちに労働契約法20条にいう不合理と認められるものには当たらない。もっとも，本件契約社員であっても，通算雇用期間が5年を超える場合には，正社員との間に年末年始勤務手当に係る労働条件の相違を設ける根拠は薄弱なものとならざるを得ず，上記相違は，同条にいう不合理と認められるものに当たる。

(2)　第1審被告において，正社員に対して年始期間の勤務に対する祝日給を支給する一方で，本件契約社員に対してこれに対応する祝日割増賃金を支給しないという労働条件の相違は，年始期間につき正社員に対してのみ与えられる特別休暇についての相違を反映したものであるところ，長期雇用を前提とする正社員と，原則として短期雇用を前提とする本件契約社員との間で，休暇等について異なる制度や運用を採用することには一定の合理性があるから，上記特別休暇についての相違が直ちに労働契約法20条にいう不合理と認められるものには当たらず，これを反映した上記祝日給についての相違も，同条にいう不合理と認められるものには当たらない。もっとも，本件契約社員であっても，通算雇用期間が5年を超える場合には，上記相違を設ける根拠は薄弱なものとならざるを得ず，上記相違は，同条にいう不合理と認められるものに当たる。

2　しかしながら，原審の上記判断はいずれも是認することができない。その理由は，次のとおりである。

⑴　年末年始勤務手当について

第１審被告における年末年始勤務手当は，郵便の業務を担当する正社員の給与を構成する特殊勤務手当の一つであり，12月29日から翌年１月３日までの間において実際に勤務したときに支給されるものであることからすると，同業務についての最繁忙期であり，多くの労働者が休日として過ごしている上記の期間において，同業務に従事したことに対し，その勤務の特殊性から基本給に加えて支給される対価としての性質を有するものであるといえる。また，年末年始勤務手当は，正社員が従事した業務の内容やその難度等に関わらず，所定の期間において実際に勤務したこと自体を支給要件とするものであり，その支給金額も，実際に勤務した時期と時間に応じて一律である。

上記のような年末年始勤務手当の性質や支給要件及び支給金額に照らせば，これを支給することとした趣旨は，本件契約社員にも妥当するものである。そうすると，前記第１の２⑸〜⑺のとおり，郵便の業務を担当する正社員と本件契約社員との間に労働契約法20条所定の職務の内容や当該職務の内容及び配置の変更の範囲その他の事情につき相応の相違があること等を考慮しても，両者の間に年末年始勤務手当に係る労働条件の相違があることは，不合理であると評価することができるものといえる。

したがって，郵便の業務を担当する正社員に対して年末年始勤務手当を支給する一方で，本件契約社員に対してこれを支給しないという労働条件の相違は，労働契約法20条にいう不合理と認められるものに当たると解するのが相当である。

⑵　年始期間の勤務に対する祝日給について

第１審被告における祝日給は，祝日のほか，年始期間の勤務に対しても支給されるものである。年始期間については，郵便の業務を担当する正社員に対して特別休暇が与えられており，これは，多くの労働者にとって年始期間が休日とされているという慣行に沿った休暇を設けるという目的によるものであると解される。これに対し，本件契約社員に対しては，年始期間についての特別休暇は与えられず，年始期間の勤務に対しても，正社員に支給される祝日給に対応する祝日割増賃金は支給されない。そうすると，年始期間の勤務に対する祝日給は，特別休暇が与えられることとされているにもかかわらず最繁忙期であるために年始期間に勤務したことについて，その代償として，通常の勤務に対する賃金に所定の割増しをしたものを支給することとされたものと解され，郵便の業務を担当する正社員と本件契約社員との間の祝日給及びこれに対応する祝日割増賃金に係る上記の労働条件の相違は，上記特別休暇に係る労働条件の相違を反映したものと考えられる。

しかしながら，本件契約社員は，契約期間が６か月以内又は１年以内とされており，第１審原告らのように有期労働契約の更新を繰り返して勤務する者も存するなど，繁忙期に限定された短期間の勤務ではなく，業務の繁閑に関わらない勤務が見込まれている。そうすると，最繁忙期における労働力の確保の観点から，本件契約社員に対して上記特別休暇を付与しないこと自体には理由があるということはできるものの，年始期間における勤務の代償として祝日給を支給する趣旨は，本件契約社員にも妥当するというべきである。そうすると，前記第１の２⑸〜⑺のとおり，郵便の業務を担当する正社員と本件契約社員との間に労働契約法20条所定の職務の内容や当該職務の内容及び配置の変更の範囲その他の事情につき相応の相違があること等を考慮しても，上記祝日給を正社員に支給する一方で本件契約社員にはこれに対応する祝日割増賃金を支給しないという労働条件の相違があることは，不合理であると評価することができるものといえる。

したがって，郵便の業務を担当する正社

員に対して年始期間の勤務に対する祝日給を支給する一方で，本件契約社員に対してこれに対応する祝日割増賃金を支給しないという労働条件の相違は，労働契約法20条にいう不合理と認められるものに当たると解するのが相当である。

3　以上と異なる原審の上記判断には，判決に影響を及ぼすことが明らかな法令の違反がある。第１審原告Ｘ１の論旨は以上の趣旨をいうものとして理由がある。他方，以上によれば，第１審被告の論旨は採用することができない。

第３　令和元年（受）第795号上告代理人森博行ほかの上告受理申立て理由第７について

1　原審は，前記第１の２の事実関係等の下において，要旨次のとおり判断し，第１審原告Ｘ２及び第１審原告Ｘ３の扶養手当に係る損害賠償請求を棄却した。

第１審被告における扶養手当は，長期雇用を前提として基本給を補完する生活手当としての性質及び趣旨を有するものであるところ，本件契約社員が原則として短期雇用を前提とすること等からすると，正社員に対して扶養手当を支給する一方で，本件契約社員に対してこれを支給しないという労働条件の相違は，労働契約法20条にいう不合理と認められるものに当たらない。

2　しかしながら，原審の上記判断は是認することができない。その理由は，次のとおりである。

第１審被告において，郵便の業務を担当する正社員に対して扶養手当が支給されているのは，上記正社員が長期にわたり継続して勤務することが期待されることから，その生活保障や福利厚生を図り，扶養親族のある者の生活設計等を容易にさせることを通じて，その継続的な雇用を確保するという目的によるものと考えられる。このように，継続的な勤務が見込まれる労働者に扶養手当を支給するものとすることは，使用者の経営判断として尊重し得るものと解される。もっとも，上記目的に照らせば，本件契約社員についても，扶養親族があり，かつ，相応に継続的な勤務が見込まれるのであれば，扶養手当を支給することとした趣旨は妥当するというべきである。そして，第１審被告においては，本件契約社員は，契約期間が６か月以内又は１年以内とされており，第１審原告らのように有期労働契約の更新を繰り返して勤務する者が存するなど，相応に継続的な勤務が見込まれているといえる。そうすると，前記第１の２⑸～⑺のとおり，上記正社員と本件契約社員との間に労働契約法20条所定の職務の内容や当該職務の内容及び配置の変更の範囲その他の事情につき相応の相違があること等を考慮しても，両者の間に扶養手当に係る労働条件の相違があることは，不合理であると評価することができるものというべきである。

したがって，郵便の業務を担当する正社員に対して扶養手当を支給する一方で，本件契約社員に対してこれを支給しないという労働条件の相違は，労働契約法20条にいう不合理と認められるものに当たると解するのが相当である。

3　以上と異なる原審の上記判断には，判決に影響を及ぼすことが明らかな法令の違反がある。論旨は以上の趣旨をいうものとして理由がある。

第４　令和元年（受）第794号上告代理人樋口隆明ほかの上告受理申立て理由第３の４について

1　原審は，郵便の業務を担当する正社員に対して夏期冬期休暇を与える一方で，本件契約社員である第１審原告らに対してこれを与えないという労働条件の相違が労働契約法20条にいう不合理と認められるものに当たることを前提に，上記相違によって夏期冬期休暇の日数分の賃金に相当する額の損害が発生したと判断した。所論は，原審のこの判断には民法709条の解釈適用の誤りがある旨をいうものである。

2　第１審被告における夏期冬期休暇は，有給休暇として所定の期間内に所定の日数を取得することができるものであるところ，本件契約社員である第１審原告らは，夏期冬期休暇を与えられなかったことにより，当該所定の日数につき，本来する必要のなかった勤務をせざるを得なかったものといえるから，上記勤務をしたことによる財産的損害を受けたものということができる。

以上と同旨の原審の判断は，正当として是認することができる。論旨は採用することができない。

第５　結論

以上のとおりであるから，原判決中，第１審原告Ｘ１の平成27年４月30日以前における年末年始勤務手当及び同日以前における年始期間の勤務に対する祝日給に係る損害賠償請求に関する部分並びに第１審原告Ｘ２及び第１審原告Ｘ３の扶養手当に係る損害賠償請求に関する部分を破棄し，損害額等について更に審理を尽くさせるため，これらの部分につき本件を原審に差し戻すとともに，第１審被告の上告並びに第１審原告Ｘ１，第１審原告Ｘ２及び第１審原告Ｘ３のその余の上告を棄却することとする。なお，その余の上告受理申立て理由は，上告受理の決定において排除された。

よって，裁判官全員一致の意見で，主文のとおり判決する。

（裁判長裁判官　山口　厚　裁判官　池上政幸　裁判官　小池　裕　裁判官　木澤克之　裁判官　深山卓也）

■著者略歴

神戸大学教授　大内　伸哉（おおうち　しんや）

東京大学法学部卒，同大学院法学政治学研究科修士課程修了，同博士課程修了(博士(法学))。神戸大学法学部助教授を経て，現在，神戸大学大学院法学研究科教授。労働法を専攻。現在は，技術革新と労働政策が中心的な研究テーマであり，具体的には，ＡＩの活用・デジタライゼーションのもたらす雇用への影響やテレワーク，フリーランスのような新たな働き方の広がりにともなう政策課題を研究している。著書・論文多数。日本法令「ビジネスガイド」連載中の「キーワードからみた労働法」は，開始から14年を数える超人気連載。

昭和女子大学副学長・特命教授　八代　尚宏（やしろ　なおひろ）

国際基督教大学・東京大学経済学部卒。メリーランド大学経済学博士、経済企画庁（現内閣府）・ＯＥＣＤ勤務，上智大学国際関係研究所教授，法と経済学会会長、日本経済研究センター理事長，国際基督教大学教授等を経て現職。第１次安倍・福田内閣で経済財政諮問会議議員。規制改革会議委員、著書に日本経済新聞出版『日本的雇用慣行の経済学（石橋湛山賞）』、中央公論新社『シルバー民主主義』、最新作に日本経済新聞出版『日本的雇用・セーフティーネットの規制改革』。執筆に日本法令「ビジネスガイド」ほか。

弁護士　大庭　浩一郎（おおば　こういちろう）

oba@marunouchi-sogo.com

丸の内総合法律事務所　パートナー弁護士。東京大学経済学部卒業，1992年弁護士登録（第二東京弁護士会）。丸の内総合法律事務所入所，紛争解決手続代理業務試験委員(特定社労士試験)，司法試験考査委員(労働法)，経営法曹会議会員，労働法分野を含む企業法務全般を幅広く取り扱うとともに，企業から同一労働同一賃金関係の相談に応じている。日本法令「ビジネスガイド」に，働き方改革関連法及び同一労働同一賃金に関する多数の記事を執筆している。著作として，日本法令『新しい労働時間・休日・休暇　法律実務ハンドブック』（共著）など。

弁護士　岩元　昭博（いわもと　あきひろ）

iwamoto@marunouchi-sogo.com

丸の内総合法律事務所　弁護士。東京大学法学部卒業，2007年弁護士登録（第二東京弁護士会），2019年ワシントン大学ロースクール修了（LL.M.），2020年ニューヨーク州弁護士登録。2012年から2015年には東京都総務局に勤務し，東京都の代理人として訴訟業務に従事。現在，労働法分野を含め企業法務を主に取り扱う。著作として，日本法令『実務に活かす　就業規則運用の勘どころ』（共著），日本法令『新しい労働時間・休日・休暇　法律実務ハンドブック』（共著）など。

弁護士　吉田　肇（よしだ　はじめ）

yoshida@tenma-lo.jp

弁護士法人天満法律事務所　弁護士。京都大学法学部卒業。1988年大阪弁護士会登録。現在，弁護士法人天満法律事務所所長。日本労働法学会会員，日本産業保健法学会理事，元吹田市適正職務等第三者審査委員会委員長，元京都大学法科大学院客員教授・現非常勤講師（労働法），元大阪労働局紛争調整委員会委員。経営法曹会議会員。労働，労務の問題を多数取り扱う。著書に有斐閣『労働者像の多様化と労働法・社会保障法』，日本法令『どうする働き方改革法』，『パワハラ加害者処分の実務ポイントと懲戒基準策定』，民事法研究会『書式労働事件の実務』，中央経済社『中小企業の法務と理論』（いずれも共著）など。

同一労働同一賃金　最高裁５判決と企業対応
～大阪医科薬科大学事件，メトロコマース事件，
日本郵便事件～　　令和３年１月10日　初版発行

検印省略

共著　大内伸哉
八代尚宏
大庭浩一郎
岩元昭博
吉田肇
発行者　青木健次
編集者　岩倉春光
印刷・製本　文唱堂印刷株式会社

〒101-0032
東京都千代田区岩本町１丁目２番19号
https://www.horei.co.jp/

（営　業）TEL 03-6858-6967　Eメール syuppan@horei.co.jp
（通　販）TEL 03-6858-6966　Eメール book.order@horei.co.jp
（編　集）FAX 03-6858-6957　Eメール tankoubon@horei.co.jp
（バーチャルショップ）https://www.horei.co.jp/iec/
（お詫びと訂正）https://www.horei.co.jp/book/owabi.shtml
（書籍の追加情報）https://www.horei.co.jp/book/osirasebook.shtml

※万一、本書の内容に誤記等が判明した場合には、上記「お詫びと訂正」に最新情報を掲載しております。ホームページに掲載されていない内容につきましては、FAXまたはEメールで編集までお問合せください。

ISBN 978-4-539-72810-9